陶百川全集㈡十一

臺灣經驗他山之石

三民書局印行

國立中央圖書館出版品預行編目資料

臺灣經驗他山之石/陶百川著.--初版
.--臺北市：三民，民81
面；　公分.--(陶百川全集;21)
ISBN 957-14-1889-7（精裝）

1.中國-政治與政府-論文,講詞等

573.07　　81001634

 臺灣經驗他山之石

著　者　陶百川
發行人　劉振强
出版者　三民書局股份有限公司
印刷所　三民書局股份有限公司
地址／臺北市重慶南路一段六十一號
郵撥／〇〇〇九九九八－五號
初　版　中華民國八十一年四月
編　號　S 57070
行政院新聞局登記證局版臺業字第〇二〇〇號

ISBN 957-14-1889-7（精裝）

本書編讀指引

一、這個「臺灣經驗」特輯，收印四書，依次是《臺灣經驗源頭活水》、《臺灣經驗他山之石》、《臺灣經驗統一大道》和《臺灣經驗和平演變》。

二、臺灣經驗，卑之無甚高論，祇是臺灣的現代化及其歷程和成果。它因爲有它的源頭活水，所以能夠這樣「天光雲影共徘徊」的清澈。這些源頭活水從何而來？著者試作交代。

三、臺灣經驗當然也取法於他山之石，同時，它也可爲他人作攻玉之用。

四、第三册《臺灣經驗統一大道》，請與全集另兩册有關國家統一的《爲三聯統一呼號》和《爲兩岸共存呼號》合看。

研究國家統一問題，必須了解中共的政策方針及其心態，所以本書附載了上海公報，所謂「葉九條」、「鄧六條」和楊尚昆談話的摘要。他如「建交公報」和「八一七公報」則已附載於本全集他書，又「臺灣關係法」則可查閱三民書局出版的《六法全書》。

五、第四册敍述臺灣四十多年來在政治經濟和社會等方面的改革開放，目的是爲人民福祉，方法是現代化，手段是和平漸進，也就是所謂「和平演變」，而不是使用暴力或革命。臺灣的改革和進步，目前尚未完成，正在積極推行，而且尚難終止。但想不到近在大陸引起震撼，甚或認爲它是臺灣對大陸的陰謀，並把它與美國扯在一起，這眞是寃哉枉也！我希望中共不要自我菲薄，以致那樣畏懼改革開放與和平演變！

自序——從安全瓣到玉連環

近幾年中，我用三個譬喻作書名，集印了三本拙作。先是「政治安全瓣」，次印「政治緊箍咒」，最後一本是「政治爝火光」。現在我又出版這本「政治玉連環」，與前三本合成「政治四喻」。

鍋裝活門方保安全

何謂政治安全瓣？我在那第一本書中略加解釋。我說：

「安全瓣」(Safety valve) 是裝置在汽鍋上的活門。汽鍋中所裝的水，經燃燒而化為蒸氣，有很大的衝擊力，能夠推動機器。但是鍋內的水蒸氣如果太多，超過規定壓力以上，會使汽鍋破裂。所以汽鍋必須裝置活門，受到蒸氣的衝擊，它自動打開，讓水蒸氣稍稍逸出，以保安全，所以稱為安全瓣。

我以為政治也須如此。它必須具有很大的力量，方能發揮效能，保國衛民，但對它（力量）

如果沒有節制，它也會「權力中毒」，橫衝直撞，禍國殃民。於是現代國家的政治，多裝有政治的安全瓣，說得簡要一點，就是民主和法治——民主的法治和法治的民主。

口含咒語預防作惡

但是政府好比齊天大聖孫行者，神通廣大，法力無邊，唐僧少不了他。但他有時不能自愛自制，獸性發作起來，唐僧對他真是無可奈何。於是觀音大士乃授唐僧以緊箍咒，以制服孫行者，使他祇可為善，不得作惡。

政治學者和憲法專家，與觀音菩薩有同感，既要政府有能，好為人民辦事，但為預防它作惡，又必須使人民有權，對政府作必要的制衡，於是人民應有政治緊箍咒。

遠在民國四十二年我為悼念陳布雷先生逝世五週年紀念，寫了「報紙的政治使命」，開始引用「緊箍咒」。那時我把唐僧譬作人民，把孫行者譬作政府，而把言論自由（後來又加上議會政治和政黨政治）譬作緊箍咒。

但是臺大政治學教授薩孟武先生則把唐僧譬作帝王，把孫行者譬作人民，而把法律譬作緊箍咒。

我以為這兩說可以並存，方見全貌，並竟全功。於是政治緊箍咒就有四種：操在人民手中用以監督政府的，是言論自由、議會政治和政黨政治；操在政府手中用以統治人民的，是法律，包括司法和軍法。

爝火有用但感無力

請容我略介「政治爝火光」。「爝火」是一個古老的詞語，源出莊子。莊子在逍遙遊中引堯的話說：「堯讓天下於許由，曰：『日月出矣，而爝火不息，其於光也，不亦難乎！』」。這是說：日月都出來了，而燭火還不熄滅，以光來說，不是很難麼！

我以為難確很難，但爝火之光仍有它的用處，因為許多閉塞陰暗的地方，日月之光不能照射進去，那就有賴於爝火之光了。

但是有如耶穌所說：「光到世間，世人因為是惡的，不愛光，倒愛黑暗，便恨光，並不來就光。」不獨不讓日月之光照射進去，卽使是小得像爝火之光，也不能相容，甚或要把它熄滅，則更難乎其為光了。

我年來繼我的「創意造勢，突破逆境」一書之後，又寫了一些文章，並不想與日月爭光，祇是想發揮一點爝火光的小作用，幫着日月之光照亮那些封閉陰暗的地方，但是却因而遭到「圍剿」，幾乎熄滅。

玉環串連怎樣解開

也許（我說的是也許）因為我們沒有裝好政治安全瓣，也許因為我們沒有善用政治緊箍咒，也許因為我們沒有重視政治爝火光，我們的政治問題愈來愈多，愈結愈牢，而且愈益化解不開，於是我的朋友胡佛教授乃在一年前呼籲「解開政治連環結」，後來自立晚報以它為名集印一書，極有價值。我現在也蒐印拙作，名為「政治玉連環」。

這個玉連環的譬喻，引自戰國策，它有這樣一個故事：

「秦始皇嘗使使者遺君王后玉連環，曰：『齊多智，而（能）解此環不？』君王后以示羣臣，羣臣不知解。君王后引椎椎破之，謝秦使曰：『謹以解矣』。」

秦始皇所以送齊國君王后那個玉連環並請她把它解開，我不知他用意何在，可能是因玉環相連，無法解開，暗示她秦齊兩國統而為一。但君王后不願歸附強秦，所以把環椎破，表示寧為玉碎。

史稱「君王后事秦謹，與諸侯信」，所以齊國能在四十餘年中沒有受到戰亂之災。

但我所以借用那個故事及其譬喻，不是要討論我們與鄰國相處之道，而是表示我們目前有些問題的複雜和困難，不易解決，而試行貢獻一些鄙見，以供參考。

七個政環多種對策

我在本書中列舉了七個政治環結：一、政黨政治問題，二、言論自由問題，三、國會改造問題，四、民主改革問題，五、戒嚴解除問題，六、國家統一問題，七、時潮衝擊問題。這七個環結糾纏很久，迄未解決，而且愈久愈難。幸而政治連環究竟不是秦始皇的玉連環，後者祇能以椎破一法去解決，而前者則尚能用民主方法，通過溝通、談判和妥協，以做到各取所需，各安於位，但也談何容易！

本書集結的文稿，有的是我與友人的通訊，有的是我向政府的建言，有的是我在座談會的發言記錄，而大部份是我所寫的時論。其中有的從未發表，有些即使已經發表了，但都沒有在我的文集中收印進去，所以我希望「開卷有益」不致浪費讀者的財力和目力。恭請指教！

七五、八、一

臺灣經驗他山之石　目錄

政黨政治問題

言論自由問題

國會改造問題

民主改革問題

戒嚴解除問題

國家統一問題

世界經驗他山之石

政黨政治問題

政黨政治的新消息及其意義

最近我國和日本的選舉，顯示兩個新消息：一是政黨政治並不可怕，二是政黨政治有益於國家。

以我國選舉而論，國民黨大勝，黨外大敗，足見黨外並不可怕。觀於康寧祥委員近在暖流一文中的話，黨外之敗，並非偶然。其說如左：

「但不容諱言，目前的黨外，仍處於龍蛇雜居，政治冒險家和理想家雜然並存的階段。不但無法成立反對黨，即使連次於反對黨的各種組織的嘗試，又因利益衝突而始終不能團結一致。爲了避免開放黨禁時黨外至少會出現二、三十個小黨的局面，黨外實在已有必要對整個黨外民主運動的前途，以及世界上其他國家的民主運動與成立反對黨的經驗，作一番思索。」所以如果有計劃地開放黨禁，執政黨與政府可收政黨政治之利而不致招致災害。

七十二年

如何走上民主憲政之路

——在前瞻雜誌社座談會說話

代表各種利益政見

在進入正題前，我想先對「前瞻」雜誌表達一點祝賀和期待。意思很簡單，我祇希望它做到這個「雜」字，不要像時下好些刊物成爲清一色或「一言堂」。我相信「前瞻」可能做得到。因爲：

第一、「前瞻」的重要人物包括老中青三代——發行人是老一輩，社長是中生代，總編輯是新生代，那是夠複「雜」的了。

第二、而且他們包羅本省人和外省人。「省結」必須解開，而起碼的辦法乃是混合，並由混合進而爲化合。

第三、請看「前瞻」封底所列的「我們的信念與主張」，共有八條之多，那當然是很複「雜」

的，但是在這多元的社會，本質就很複雜，不是單純的和獨斷的做法和對策所能包辦得了的。

第四、社論當然得代表「前瞻」，不能開放，但其他稿件應該不怕複「雜」，庶幾能夠反映多元的社會，提供多樣的對策，以適合多類讀者的需要。總括一句話：「前瞻」不可專顧自己，而應多想到讀者和國家。

後援會是一大特色

現在言歸正傳，談談「臺灣如何走上民主之路」。其實臺灣已經走上民主之路了，可惜因爲礙於形勢，步伐不夠快，規模也不夠大，所以仍有檢討和推動的必要。其中最困難但有必要的乃是政黨政治，而在這次選舉中它卻顯露出了曙光。

因爲，有如我在聯合報日前一次座談會中指出，這次選舉的特色之一，就是在無黨籍人士方面出現了一個後援會和民意諮商協會。雖然在過去也有類似的組織，但是這一次大規模的開展，隱隱然已具備政黨的雛型。例如提名、徵召、輔選，都是政黨競選中採取的手段和功能，而黨外這次都做到了。

這一項特色顯示出集會結社權利的增加，而且也受到政府和社會的肯定。這是一個好的開始。如果政府今後可以開放一點，尊重集會結社的自由，而黨外也能好好的掌握那個機會，黨外後援會一類的組織，雖無政黨的名義和地位，不致對社會和政府發生太大的衝擊，但卻可能因勢利導，收穫政黨政治的功效。

但這尙有待於言論自由和出版自由的發揚，使黨外後援會之類的半政黨團體能夠提出不同於執政黨的政見以批評政府和教育選民而供其採納施行。否則縱有集會結社的自由，但那些會社自必成爲啞子和木偶而無補於民主。

對自決口號的批評

我欣見執政黨和政府在這次選舉中所表現的言論出版自由的幅度。以黨外後援會的共同政見爲例，其中半數都觸犯過去的禁忌，但都獲准刊出和宣傳。它的第一條：「臺灣的前途應由臺灣全體住民共同決定」雖被禁止，其實它也沒有什麼大錯。我看將來可能也會獲准使用。我不很知道這句話的背景和來歷。其實這句話我相信是對付共產黨的。因爲中共堅持臺灣的前途應該由中共決定，中共要求我們跟他們和談，否則保留使用武力的權利，而和談的對象是我們政府，依黨外的說法就是國民黨。黨外覺得臺灣的前途不能由共產黨決定，也不能由國民黨和共產黨決定，而應該由臺灣全體住民共同決定。這是無可厚非的。因爲反共的任務不能由政府單獨挑起來，而應由政府帶動全國上下共同負責。我預料將來到了與中共攤牌的重要關頭，政府也得用那句話並抬出民意去答覆中共，並說服國際人士，所以現在不可過分敏感和畏懼。

但把「共同決定」改爲「自決」，例如說「民主、自決、救臺灣」，就不免引起誤會。如果不用「自決」，而用人民和政府「共同決定」，情形就會好得多。因爲這就不致於分離政府與人民的關係，而與臺獨相混淆，而且還可以團結朝野的力量，一致對外。

想起與呂女士所談

這使我想起與呂秀蓮小姐有關的一段往事。呂小姐與我同是哈佛大學的校友，因此我們談得較多。她當年回來競選的時候，曾經提到，能不能發起一項運動，把臺灣帶到自救自強的道路上去。我當時就依照自己的信念，編了兩句口號：「民主、團結、保臺灣」，「自由、反共、救中國」。我先跟她談第一句，而呂小姐說，民主、團結都需要，但是「保臺灣」好像太軟弱了一點，她想改爲「救臺灣」。

我們那次談話因有客人來訪而中斷，後來我寫了一封信給呂小姐，我說還要有下聯「自由、反共、救中國」才算完整。她也許沒有收到我的信，也許不贊成。她後來祇說「民主、團結、救臺灣」，並還是用了「救」字。但是如果把「團結」改爲「自決」，那便適得其反。因爲唯有民主才能團結，唯有團結才能把民主做好，唯有做好團結與民主，才能保持臺灣去救中國。

黨外賢達返求諸己

綜結以上所談，請容我提供兩個願望：

第一、政府既不許人民組織新政黨，以培養和發揚批評政治和制衡權力的在野力量，但它必須保持國民黨的光榮傳統，繼續這次選舉的良法美意，尊重和發揚集會結社和言論出版的自由，爲社會和民族增加一點士氣、民氣、正氣和生氣。

第二、經過這次選舉的挫折以及選前的內鬨，黨外人士當能認淸他們不獨在客觀方面缺少組織政黨的共識和能力，而且卽使黨禁開放，也未必能肩負起政黨政治的大責重任。所以，如何開拓時機，以求發展，培養能力，以資因應，黨外賢達尚須返求諸己。

七十二年

政黨政治疑無路輪流執政又一村

——以色列內閣一次突破和實驗

以色列於一個多月前改選國會，在一百二十席總額中，執政的自由黨獲得四十一席，另一大黨勞工黨卻獲得四十四席，其餘三十五席則爲其他十三個政黨所分得。沒有一黨超過半數。依照民主傳統，以色列的總統應該先請較多數的勞工黨試組內閣，不成則改請次多數的自由黨，再不成前祇有重辦選舉了。

以國總統乃授權勞工黨領袖裴瑞斯先行試辦，他努力拉攏小黨，終難獲得多數。如果在英國，他可以組織「少數黨內閣」。祇要他黨不在國會提出不信任案，或不信任案不獲通過，該「少數黨內閣」可以帶病延年，而他黨因恐國會被解散後重行選舉而沒有制勝把握，可能勉強容忍。因此政府可望維持殘局。

但以色列制度則不可能有這種「少數黨內閣」。於是裴瑞斯乃使出奇招，與自由黨組織聯合內閣，而由兩黨領袖輪流擔任國務總理，每人各做二十五個月。現已決定先由裴瑞斯出任，而以自由黨的夏米爾擔任副總理。期滿則以夏爲正而以裴爲副，內閣席位也平均分配。

至於重大政策，兩黨也曾討論，獲得初步協議，可望不致背道而馳。

這是政黨政治一次重大的突破和實驗。幸靠雙方相忍爲國，所以爲全世界開創一個模式。這也是以色列以小國寡民而能爲世所重和爲敵所畏的原因。

（七三、九、二〇）

組黨問題祇有一個對策

報載黨外正作組織政黨的醞釀，美國國會正作桴鼓之應，形勢較前緊張，有心人無不關切。頃見楊國樞先生在自立晚報提出五個對策，很可欽佩。但我以爲其中祇有「中上」一策可行，而尚須稍稍修改，如下：政府准許黨外公政會依法登記，不必要它改名或取消「黨外」兩字，並准它在各縣市酌設分會。

這對黨外自頗有利，但政府因此可能獲得黨外暫不組織政黨的承諾，而且從此把公政會納入法律軌道，可依法令監督它的組織和活動，對國家亦非不利。

反之，政府如果不准黨外公政會存在，或逼其改名，黨外必不甘心，難免發生衝突，而政府師出無名，在內外壓力下，結果必蒙不利。

此外，政府也可維持現狀，聽任公政會自由活動。但如此「無政府」狀態，實屬不成體統，而且雙方仍難免發生衝突，自非長治久安之道。看來政府必須重視現實，讓黨外這個既成勢力也有一條路可走。謀國之忠，必須高瞻遠矚，並須懂得務實和妥協。

七五、一、二七

(附載)接納忠誠反對角色

戎撫天

在黨內外溝通中挫將近兩個月後，執政黨中常會十二人小組前天開會討論「民間社團組織問題」，受邀與會學者提出「忠誠反對角色」的觀念，主張應允許以忠誠反對自許的政治性社團合法成立。

事實上，允許忠誠反對力量存在，可以說已經是一種社會共識，歷次選舉結果可顯示，不少選民期盼建立政治制衡力量。執政黨近年來也已承認反對力量的存在，並期待反對力量在憲法的架構以內忠誠化。

由於執政黨對反對力量的態度業已修正，近年來，在政府處理反對力量問題時，往往扮演潤滑角色；執政黨蔣主席一再宣示政治上「團結和諧」的原則，執政黨的運作也打消了多次治安機關對反對力量的取締行動。

執政黨於五月間宣布成立「三人小組」，加強與無黨籍人士溝通，可以稱爲執政黨決策人士的一項實驗，以瞭解開放黨禁的時機是否成熟。如果溝通結果良好，執政黨受到鼓勵，在考慮解除黨禁問題時，必將是一項正面因素。

遺憾的是，溝通僅進行兩次，就難以爲繼，公政會問題依然未能解決，反而使黨內外支持溝通的人士都飽受內的壓力，使社會加深黨內外難以溝通的印象。

據觀察，自「五一〇」首次溝通餐會締造了開朗清明的政治氣氛後，隨著溝通中挫。政府有關機關與執政黨日前會商，決定透過適當管道，宣布公政會爲非法組織，這是執政黨對公政會政策的一大轉變。

執政黨十二人小組研議民間社團組織問題，再度談到「忠誠反對者」的觀念。體認當前國家處境，如何避免黨外偏激化，進而使其合理的忠誠化，的確值得執政黨深切探討。

目前，執政黨人士普遍對無黨籍人士覺得失望。無黨籍人士未能掌握溝通的良好契機，使公政會合法化，以便在法律及公權力保障下從事政治活動，識者均感到遺憾。

試想，首都公政分會成立之日，會場賀客盈門，各方贈送的花籃由三樓會場排到大街，如非執政黨剛宣布允許公政會成立分會，恐怕不容易有如此場面。如果政府宣布公政會爲非法組織，將不再有盛大場面出現。

雖然溝通已經中挫，學者們主張容許忠誠反對力量的存在，仍值得執政黨重視，進一步說，執政黨不僅極應消容許忠誠反對力量的存在，還應積極開創良好的政治環境，以利忠誠反對力量的生存。

執政黨應如何創造良好的政治環境呢？

㈠應立法使反對力量合法活動，尊重反對力量的反對權力，勿將反對力量壓縮爲社會邊緣份子，反而使反對力量偏激化。執政者應提供健康的環境與管道，適當宣洩社會反對的需要。

㈡應尊重並採納反對者的主張，反對意見言之成理的，不可因人廢言而不予採納；不能接受的主張，亦應避免以表決或類似手段予以「封殺」。

反對力量本身亦應自覺，體認廣大選民的需求，提出更成熟的政治見解號召選民。而絕大多數選民支持憲政體制，反對分離主義的穩定態度，值得反對力量重視。

爲持續溝通致黨外友人書

××兄委員：

日前在你辦公室兩次長談，領教爲暢。

弟受執政黨三位副秘書長之託，於十五日轉告吾兄下次餐晤商談，擬照十日協議，定於本月二十四日中午仍在湘園舉行，由他們三位作東。吾兄見告公政會將在那時舉行理事會議，不克分身。弟建議貴會會議何妨提前兩三小時，會後仍去湘園洽談，或將湘園商談改在下午六時，以符合兩星期內舉行第二次商談的原議。承答當商之於各位理事，後在十七日承告貴會會議不能改期，湘園商談不妨延後二、三日云云。經將尊意轉告三位副秘書長，他們已將商談時間定在二十四日下午六點，這對雙方都能兼顧，而原來協議乃可恪守。弟頗以爲然。

弟不知三位副秘書長何以如此重視二十四日，可能因爲十日商談曾定在溝通的兩星期內貴會各分會可以籌備，但不可成立。乃過去十餘日內貴會臺北市兩個分會先後成立，這與協議顯相牴觸，聞政府正待二十四日溝通結果以定方針。弟亦恐如果溝通中斷或過了該日而分會問題未有新的協議，則政府和貴會可能各行其是，導致直接衝突，那顯然是因小失大，不堪回首，弟深以為憂。

依弟之見，二十四日的商談，對兄等既然沒有不便，自宜準期舉行，兄等也應參加，不可落人口實。貴會設立分會問題，三位副秘書長挑起重擔，勉強同意，這在民主憲政路上乃是極有意義的一大進步，也是貴會一大收穫，但執政黨早就聲明，成立分會與貴會依法登記和名稱不用「黨外」兩字，（但弟了解並不因此妨害黨外體制和傳統立場），三者具有連帶關係，缺一不可。如果登記和名稱不能獲致協議，三位副秘書長早已表明分會協議自難保證。這樣功虧一簣，不僅可惜，抑且可悲。

於是弟等經向吾兄建議，可否由弟與三位教授邀請貴會理監事在下次貴會會議前餐敍一次，以求取共同的了解和諒解。不知於事有補否？

因知吾兄將向貴會理監事報告弟與吾兄接洽情形，關係頗大，特以蕪函縷述種切，以助記憶。如有錯誤，並請指正。順頌

議祺

七五、五、二〇

不祥之兆而非憲政之危

五位「黨外」立法委員費希平、許榮淑、鄭余鎮、張俊雄和江鵬堅函邀我去參加七月七日舉行的座談會，研討「從立法院議事規則部份條文的修正看我國憲政的危機」。

我的第一個反應是想前去參加，因爲五位主人都是我的朋友，責司制衡，任重道遠，我應爲他們申張公道，而且那個題目也相當重要而有趣，我有一些看法可供朝野人士參考。但我因「黨外」那個招牌而趦趄，終於沒有參加。

至於座談會的題綱，見仁見智，我與他們五位所見雖不盡相同，但對其中最重大的一項，提案連署人數，我也主張不可過多。我以爲把二十人恢復到十人，已經不夠民主了，何況還要反其道而行之呢！

這個問題在那議事規則的爭執中較具關鍵性，我所以要不憚煩地查得一些論據，以供我立委同志們參考。

第一、我不久前參加了三中全會，記憶猶新，它在議事規則中所訂定的連署人數祇是五人。

第二、我和李幼老（璜）合寫「國民參政會與中國現代化」一文，以紀念　蔣先總統百年誕辰，我想起了該會曾爲連署人數而發生爭執。因爲該會原定連署人數也是二十人，但那卻妨礙了祇有七位代表參加參政會的共產黨和祇有六位代表參加該會的青年黨的提案權。協調結果，政府終於修改議事規則，大大方方地把連署人數一下子就減爲五人。

第三、「凡我同志務須依照」　孫中山總理的建國方略中的民權初步，而它在第三十六節吩咐我們：「附和(連署)動議之習慣，常有視之過重，每有於動議尚不能正式發之及正式呈之，而亦力持動議之必需附和而後得付討論者，此乃以形式小事視爲太重也。且近有立法院，如美國國會及馬斯諸雪省省會，皆不用附和，於此可見附和之事，漸失其用矣。經驗老練之團體，已覺免附和一事，較爲利便，蓋可節省時間，且適於平等之理，使人人能在會中能同享發言之機也。」

但最突出而傑出的，應推監察院。它的一切提案，包括「百僚震恐」的彈劾案、糾舉案和糾正案，一位委員就可提出，不需他人連署。祇有對總統或副總統的彈劾案方需連署，而我認爲那是必要而合理的。

這些論據應該足以推翻增加連署人數的論點了。但我還須附帶指出，座談會的題目所謂：「從立法院議事規則部份條文的修改看我國憲政的危機」，我認爲那還不是憲政的危機。但願這次議事規則之爭不致成爲不祥之兆。

但對黨外的前途，我並不那麼樂觀。年來它已被人也被他們內部少數人醜化得在很多人心目中成爲「洪水猛獸」了。

我曾爲他們代抱不平，但也曾勸他們不可強調「黨外」，並在公政會的名稱中放棄「黨外」兩字。但是我的許多黨外朋友則所見不同，有人且報以惡聲。我預料，但不願見，他們很快會發覺「黨外」兩字乃是他們的桎梏。

（七五、七、八初稿，次日改定）

言論自由問題

速把言論自由導上正軌

在各種自由中，我最關心言論自由，包括講學自由、新聞自由和出版自由。因爲言論自由的對象是政治，是社會，是國家，不像通信遷徙自由之僅涉及個人。我們有了言論自由而妥爲運用，則政治社會和國家都能因而進步。反之，如果沒有言論自由，則人民勢必成爲啞子，政府和社會因而成爲聾子和瞎子。那將猶似俗諺所說，「盲人騎瞎馬，夜半臨深池」，國家豈非將十分危險！

但是言論自由同時也會有很大的危險性。它能載舟，也能覆舟，它能煮物，也能焚身，就國家和政府的層面來說，它有如孔子所說：一言能夠興邦，一言也可喪邦。所以對它不可不十分審愼，既不可將其摧殘，也不可把它濫用。

相激相盪氣氛緊張

光復以後，臺灣朝野能相安無事，其間雖有自由中國半月刊事件和文星事件，但政府都能控制，可是所謂黨外勢力崛起以後，形勢就大變了，而美麗島事件的起因也是一個言論自由問題。雙方從此相激相盪，內呼外感，到了今天，則對立尖銳，氣氛緊張。我很憂慮。一本老牌黨外雜誌最近指證：「因爲多本黨外週刊互相激烈競爭，拼命挖國民黨的內幕，突破各種禁忌，觸及蔣總統的兒女、弟弟、蔣夫人，以及情治單位和高級將領，乃至於各級黨工人員、高幹子弟，使讀者大開眼界」。

反映官方意見的一篇社論，於是「注意謠言分化背後的陰謀」，指責「他們（註：那些雜誌）作人身攻擊」、「他們來曲解比附」、「他們挑撥分化」、「他們輸入仇恨」，因而「質問他們居心何在」？

政府的政策一向是依據戒嚴法授權警備總部管理出版物，用查禁停刊等方法，去對付。但是這個方法現在逐漸失去效用。因爲政府要取締的那些書刊。不獨愈禁愈多，而且內容更蕪雜，議論更激烈。

於是有人主張政府應該即速採取刑事步驟，「使法律樹立其權威性」。他們的具體建議是：凡是涉及觸犯或煽動他人觸犯內亂罪、妨害秩序罪、誹謗罪、危害地方治安等罪嫌，「各主管單位應充分發揮其職能，切實行使公權力，以取締觸犯法律的謬論邪說」。

刑法制裁不能嚇阻

我贊成這個建議，政府也在準此辦理。但其中的誹謗罪，是告訴乃論。如果當事人不出頭向法院告訴，政府便無能爲力。有些刊物於是利用這個保護條款任意誹謗他人，我多年來便深受其害。近來政府所以特別注意黨外刊物，便因它們肆無忌憚，誹謗了政府的顯要。

然則爲了維護官員的形象和公務的利益，政府可否代爲出頭向法院告訴呢？作爲一個法治主義者，我不能苟同，我甚至也不贊成政府因此而查禁刊物。政府如果強出頭，那是違法瀆職，應受懲罰。

這便如何是好？我以爲受誹謗的官員當然可以提出告訴，犯者可受二年以下的罪刑。但他被誹謗的事，如果眞實或公共利益有關係，則我奉勸他不要興訟。

不要以爲誹謗官司容易打。誹謗的人除上述眞實和事關公益兩種免責條件外，還有其他法條和漏洞可供運用，以脫法免罪。

三項建議可收速效

刑罰對那些誹謗刊物既無多大嚇阻作用，而他們又會巧妙地避免觸犯內亂煽惑等罪，所以爲求息事寧人，政府尙須另找解決途徑。我建議三點：

一、主管當局應與雜誌界多多接觸，隨時與他們交換意見。當局既能與報界處得很好，應該也能善處雜誌界，以收潛移默化之功。但雜誌界當然也應開誠相見，接受政府合法合理的指導監督。「相駡無好聲，相打無好拳」：和氣致祥，乃是上策。

二、修改現行取締書刊的辦法和作風。主管當局發現違法文字時，自可依法扣押該書刊，但須立卽將一切理由通知它加以修改，並在修正後准許發行。

三、雙方如對內容的認定發生爭議，上級主管當局應飭雙方共同推舉一位第三者，加以審查，將其意見報請採納。這個辦法是仿行民事和刑事訴訟中的鑑定制度，軍事審判法也有這個規定。因爲如此方能昭示公正，從而有利於平息爭端。司法軍法的審判尙須借重於它，書刊主管當局也大可採行。

以上三點，乃是言論自由的正軌，是我多年來的一貫主張，適逢其會，故又提出，以求一勞永逸，顯然不是在爲黨外雜誌說話。

請走大路爲世所法

此外，國家元首應享免於被誹謗的特別權利。這在法律上雖未有規定，但國人對他應有這份尊敬。何況蔣總統經國先生，公忠體國，仁厚愛民，允文允武，作方舟的舵手，積功積德，爲萬民所愛戴。凡我國人都應有這認識並加以肯定。

最後，政府應本「己所不悅，弗施於人」的恕道，自己首先作出榜樣來，不再雇用文宣打手，唆使他們亂吠亂咬。本黨原是志士仁人的結合，動機光明，作風正派，一向不屑使用下流手段。但遷臺以來，以我爲例，三十多年中繼續受誣衊和攻擊，兩年前竟圖窮七現，痛受圍剿。現在上行下效，如響之應，政府自身也躬受其害。所以懲前毖後，我籲請當局在處理這個問題時，務須走大路，循正道，俾能有補於事，並爲後世所法。

七三、八、一

保障言論自由的簡易辦法

美國議員甘廼廸和索拉玆等最近分別向國會提案，於要求我政府開放黨禁外還須努力保障言論自由。友人以此垂詢鄙見。我提出四項簡易辦法，如左：

一、政府當然有權取締違法的出版物，但必須同時告知理由，並須指出那一頁那一句違背法律以及所違背的法條。

二、准許出版人將被指爲違法的文字予以修改，經主管機關認爲滿意時應准發行。

三、如出版人不服主管機關的處分，而依法提起訴願或行政訴訟時，受理機關應參照民刑事訴訟法聘請兩造當事人都認爲公正的社會人士加以鑑定，雙方對其鑑定結論都應尊重。

四、警備總部對出版物的管理和查禁，必須遵照戒嚴法第十一條第一項第一款的規定，以與軍事有妨害者」爲限。如與軍事有關但對它並無妨害者，警總固不得干涉，即使對一般政治有妨害但與軍事無關者，警總也不得干涉，而應改由文職主管機關依法處理。

以上四項都爲法律所明定，而以第三項爲其關鍵，但主管機關明知故犯，難怪引人非議，自應切戒。

美加尙須做，我們何必怕！

最近有一刊物被警備總部查禁後，我問它的發行人曾否請求該部准照深耕前例刪除禁載事項後繼續發行。他說曾經請求，但未獲准。我問是何道理？他答：據說禁載事項太多，塗黑了不大好看。

警總這種想法，我很能理解，但它不能依法兼顧出版人的利益，難說已善盡職責。於是我不禁想起美國和加拿大禁書的故事。

距今九年前，美國中央情報局一位退休職員馬啓第把該局一部份秘密資料寫作一書，名爲「中央情報局和特務崇拜」。該局乃以馬啓第從前在戰時曾對該局書面保證決不洩漏機密爲理由，向法院訴請禁止，法院判決馬啓第應將該書送請該局審查，暫時不得發售。

情報局審查結果，認爲有三百三十九處文字應予刪除，經馬啓第抗爭後，減爲一百六十八處，法院予以支持，他祇得照辦。所以現行版本有一百六十八處留着空白，並一一註明被刪行數，原擬刪除而卒獲保存的一百七十一處則以黑體字排版。

該案如此結束，情報局或者尙有遺憾，但若根本不准該書出版，勢必引起激烈的反響，對該局和整個美國自都不利。所以這樣的妥協，兼顧了國家機密和人權自由，實屬兩全其美。特工或保防人員常爲人民所鄙視，但在美國則廣受尊敬。其故何在？本案提供了一部份解釋。

加拿大多倫多地方近也發生一案，一位賴普夫人向法院控告一書對她誹謗，經過法院審查、鑑定、辯論和勸導，法官判決：書中一部份文字必須塗黑方准繼續發售。被告遵行，並通知一千二百家經銷商一體遵辦。

一本書刊上多處留着空白或塗黑，當然不很雅觀，但是祇須程序合法，實質合理，美加等國也在取締書刊，而無損於它們尊重人權自由的美好聲譽和形象，所以我們正不必因爲留有檢查和取締書刊的痕跡而自卑，而不准出版人享受刪改後發售的法定權利，那才是眞正的妨害法治和人權了。

七二、二、一

美國對付違法出版品一例

對付違法出版品的三部曲：一、扣押，二、刪除，三、返還。這是出版法所闢的平坦之路，可惜主管機關卻捨而不由。

原因之一，可能說那是事前檢查，有背言論自由。但它比較把整本書刊根本禁絕，究竟好得很多。所以保護自由無微不至的美國，也得採行。

距今八年前，美國聯邦調查局一位退休職員馬啓第把該局一部份秘密資料寫作一書，名爲「調查局和特務崇拜」。該局乃以馬啓第曾對該局方面保證決不洩漏機密爲理由，向法院訴請禁止。法院判決馬啓第應將該書送請調查局審查，暫時不得發售。

調查局審查結果，認爲有三百三十九項文字應予刪除，經馬啓第抗爭後，減爲一百六十八項。法院予以支持，他祇得照辦。所以現行版本有一百六十八處留着空白，並註明被刪行數，原擬刪除而卒獲保存的一百七十一項則以黑體字母排版。我現在印附其中一頁於後（六十三頁）。

這案如此結束，調查局或不無遺憾。但若根本不准該書出版，勢必引起激烈的反響，對該局和整個美國自都不利。所以這樣的妥協，兼顧了國家機密和人權自由，實屬兩全其美。特工或保防人員常爲人所鄙視，但在美國則廣受尊敬。其故何在？本案提供了一部份解釋。

intelligence services. Many writers are glad to write on subjects which will further their own carcers, and with a slant that will contribute to the propaganda objectives of a friendly agency. Books of this sort, however, add only a false aura of respectability and authority to the information the intelligence agency would like to see spread—even when that information is perfectly accurate—because they are by definition restricted from presenting an objective analysis of the subject under consideration. And once exposed, both the writer and his data become suspect.

24½ LINES DELETED

Spies, however, do not keep journals. They simply do not take that kind of risk, nor do they have the time to do so while they are leading double lives.

24½ LINES DELETED

Allen Dulles seemed to be rubbing salt in their wounds when he wrote in *The CrSft of Intelligence* that the Penkovsky defection had shaken the Soviet intelligence services with the knowledge that the West had located Russian offícals willing to work "in place for long periods of time," and others who "have never been 'surfaced' and [who] for their own protection must remain unknown to the public."

And, of course, the publication of *The Penkovsky Papers* opened the Soviets up to the embarrassment of having the world learn that the top level of their government had been penetrated by a Western soy. Furthermore, Penkovsky's success as an agent made the CIA look, good, both to the American people and to the rest of the world. Failures such as the Bay of Pigs might be forgiven and forgotten if the agency could recruit agents like Penkovsky to accomplish the one task the CIA is weakest at—gathering intelligence from inside the Soviet Union of China.

The facts were otherwise, however. **In the beginning, Penkovsky was not a CIA spy. He worked for British intelligence. He had tried to join the CIA in Turkey, but he had been turned down, in large pat because the Soviet Bloc Division of the Clandestine Services was overly careful not to be taken in by KGB provocateurs and double.**

「爲匪宣傳」！什麼話！如之何？

一位大學教授在自立晚報一篇專欄「政治的邪靈」的第一段指出：「政治家的歷史地位毀譽難定。……因此一個現代政治家的毀譽參半是自然正常的現象，唯有中共毛澤東才會永遠是『中國』的×星！」（註：上文的×是我爲恐誤蹈法網而使用的，原文何字，讀者可想而知。）

現在我請讀者想一下：中共或毛澤東的邪靈看了那最後一句的滋味如何？是感覺愉快得意而認爲它是爲他們作宣傳？抑或感覺憤怒失望而罵它是作諷刺他們的反宣傳？見仁見智，玆姑不論。但警備總司令部則認爲它是「爲匪宣傳」，而查禁那天的報紙，並令「各級學校、圖書館、警察單位、社教機構各工（礦）廠及所屬有關單位請查報繳」，弄得大家耳語頻頻，議論紛紛。

警備總部和其他有關機關那樣做法的曲直爲何？利害怎樣？我已另行檢討，玆不公表。本文祇研討「爲匪宣傳」這個罪名本身的意義和利弊以及如何修改和救濟。

二

何謂爲匪宣傳？很顯然乃是替匪徒（註：法律用語是「叛徒」，下同）或幫助匪徒作宣傳。作這種宣傳的人，應認爲與匪徒有聯絡、有勾結，但也可能自動爲之，則他必須具有「爲」或「代」或「幫」匪徒宣傳的意思或動機。

舉一個例子，放火是有罪的，刑法叫做公共危險罪，可處無期徒刑，但如果受匪徒指使或圖利匪徒而放火，則便變成叛亂罪，可處死刑。兩者區分的要件，就是受匪「指使」或「圖利」匪徒。

其次，在「圖利」這個條件中，「圖」字很重要。如果放火而僅是有利於匪徒，並無「圖」利於他的動機或意圖，則可成立公共危險罪，但尚不能科以叛亂罪。

試以這個論點或論據去判斷文字言論的宣傳罪。同樣的文字或言論可能成立誹謗罪或侮辱罪，或觸犯選舉罷免法第五十四條的煽惑罪，但當然也可成立叛亂罪，關鍵就是犯罪的動機或意圖。宣傳如果受匪徒指使或圖利匪徒，則它就犯「爲匪宣傳」的叛亂罪；反之，如果它（宣傳）未經證明受匪指使或圖利匪徒，則縱使匪徒因而受益或有利，也難論以「爲匪宣傳」之罪。

三

試看一例更可洞明。

從前保防機關破獲一個貪污案，涉嫌官員數人，款項數億，新聞局舉行記者會，由保防人員詳加報告，並由大衆傳播媒體廣爲宣傳。於是國家被辱，政府蒙羞，親者痛惜，仇者痛快。這樣的處理和宣傳，不能不認爲有利於叛徒了。但是破案的人，報告的人以及傳播的人都未觸犯「有利於叛徒之宣傳」的叛亂罪，因爲他們並非「爲匪宣傳」。

但因懲治叛亂條例第七條：「以文字圖畫演說爲有利於叛徒之宣傳者，處七年以上有期徒刑」的那條規定，過於籠統，文義大有問題，應用易成寃獄，執法機關更從而把它作爲「爲匪宣傳」，則更差以毫厘，謬以千里了。

補偏救弊，循名責實，我主張把該第七條改爲：「以文字圖畫演說爲叛徒作宣傳者處七年以下有期徒刑」。甚或祇須修改一個字，也可避免誤用或濫用，那就是把原文「有」字改爲「圖」字，而成爲「以文字圖畫演說爲圖利叛徒之宣傳者，處七年以上有期徒刑」。於是一般作者和報刊可望不致再蹈自立晚報被扣「爲匪宣傳」而遭查禁的覆轍！

我敬向仁人君子作這呼籲！

七三、三、廿四

淺談方素敏案

七十二年增額立委選舉已於十二日圓滿結束。無論就選舉過程與結果而言，本次選舉意義均很重大。中國時報記者特專訪六位國內學者專家與兩位無黨籍人士，請他們表示看法。

我指出：

這次選舉國民黨無論在過程或結果兩方面都獲得勝利，因此它應該具有更高的自信和勇氣，在自由民主方面作更大的革新和進步，以增進團結，共濟時艱。

從本次選舉的過程來看，選監人員執法公正，對參選者的待遇公平，執政黨自己不做票、不買票，本身就成功了一半。但我以爲目前政府要能取信於民，「方法重於目的，過程重於結果」，因此如果今後能在各級選委會中增加副主任委員、副秘書長等職務，並由非公務員及非執政黨員擔任，就更能表現選舉的公平、公正和公開了。

此外，選舉的管理與監察如能分開，也能取得候選人對開票過程更高的信心。

黨外人士本次的失敗，我認爲主要原因，是政見言論未能合乎選民的意願。如果黨外人士能從這次失敗中修正方法，改進政見內容，當可避免覆轍重蹈。今天我和幾位黨外人士有過交談，發覺他們對黨外未來的發展還抱有相當冷靜的樂觀。

然而對方素敏競選傳單的照片涉嫌為匪宣傳移送法院和警總一事，我認為政府須特別愼重處理，不要在方法或過程上犯錯誤。

方女士案是因她的海報上登有鄧小平會見卡特總統的照片而被視為「散布謠言，為匪宣傳」。對於這個罪名，我很懷疑。而且旣送法院，何以又送警備總部，我以為警總不應受理。

委員難鳴公子除名

邦聯質詢掀起風浪

立法委員費希平先生近應美國國會議員的邀請，來美訪問，路過史丹福，與我會晤。我知道他爲了在立法院提出「大中國邦聯」的質詢，備受責難，有十七位立委甚至要求政府予以國法制裁。

我很感不平，馳書政府奉勸千萬不可焚琴煮鶴。我指出三項理由：

一、中共堅持它就是中國，中國祇有一個，而臺灣是中國的一省，它不可能與臺灣合組邦聯。費委員的構想，對中共有害無利，所以談不上「爲匪宣傳」。

二、費委員可能認爲無論爲反制統戰或進謀統一，無論爲爭取世界輿情或緩和緊張局勢，邦聯之說，不失爲方法之一。

政府既不贊成，已由俞院長駁斥一下也就夠了，千萬不可再想焚琴煮鶴。

三、畢竟統一乃是國家大事，關係臺灣存亡和人民禍福，非僅政府官員之責，有識之士和升斗小民莫不關切。立委代表人民行使主權，自當與政府官員交換意見，共濟時艱。此項法定職權的行使和存亡攸關的討論，政府不應加以嚇阻。

海外呼籲空谷足音

幸而質詢風浪終於平息，費委員且已獲准出國，足見政治氣氛已較緩和，政府作風已較高明，而費委員依然意氣如雲，勇氣十足，尤爲難得。

在美國西岸和東岸所舉行的座談會和演講會，費委員念茲在茲，繼續鼓吹邦聯，但成效並不顯著。他在回臺後給我一信，說：

「此次美國之行，本擬與海外學人討論海峽兩岸統一問題……然時間匆促，未得詳談。愚見以爲中國之統一，必須採取和平方式，以人民利益爲前提，爲後代子孫建立安定和平幸福家園。但在臺灣與大陸，限於政治環境，無法推行此種工作。基於知識份子對國家之責任感，海外學人理感捐棄成見，共同發起運動，以便對海峽兩岸當局有所影響，以吾公之聲望，何不登高一呼，共襄盛舉乎？」

函中所說：「海外學人理應捐棄成見，共同發起（聯邦）運動」，可能是說海外學人不能捐棄成見，例如親中共的人恨不得以「一國兩制」立即統一中國，而親國民政府的人則強調「三民主義統一中國」，兩者都囿於主見，不願接受邦聯模式，所以他要我「登高一呼，共襄盛舉」。

冠蓋滿京斯人憔悴

我開始研究以邦聯模式統一中國，遠在十餘年前，但我是代以「國協」（Commonwealth of Nations）之名。因為現在沒有邦聯實體可供借鑑，我乃以不列顛國協為模式，私擬了「大中華國協」組織要旨。但因考慮尚嫌未周，時機又不適宜，從未公開發表。

年來我已放棄了那套構想，改以「主權聯合」（sovereignty association）為重心設計另一些辦法。那是兩個以上「主權」實體的「聯」繫和「合」作，期以百年，分別做到民主均富，然後水到渠成，實現統一。但因格於禁忌，我祇好秘而不宣，因而頗有所感。

適巧小女見告，沈君山先生今晨曾來電話，說他此來行色匆匆，明日就將回臺，不能把晤。這使我想起他今年一月登在「九十年代」月刊的一篇訪問記。

訪問他的是香港中文大學的翁松燃教授。他寫到沈教授本是臺灣「四大公子」之一，其他三人是陳履安、連戰和錢復，但他現在已被除名了，代替他的據說是宋楚瑜主任，沈在政治上現已「兩袖清風」，一無所有。言下不勝慨嘆。

按陳是國科會主任，連是交通部長，錢是駐美代表，但以沈的才華資望，他卻連團結自強協會秘書長那個民間閒職也保不住，原因何在？據說主要是他放言高論「一個中國兩個制度的和平競爭」，觸犯了禁忌，遭人圍攻，隨風而逝。有心人莫不惋惜和不平。

自從我政府宣佈對中共「不接觸、不談判、不妥協」的「三不」以後，風吹草偃，於是民間更有所謂「不討論、不研究、不視聽」的「新三不」。鑑於費、沈兩先生因討論統一問題而遭受「圍剿」和挫折，我很懷疑政府和社會今後還能聽到和看到討論統一大業和統戰對策的讜論、忠言和高招了。這會是國家之福麼！

雖然如此，我也應引述孔子一段話以自勉勉人並勉政府官員。孔子說：「邦有道，危言危行，邦無道，危行言孫」。這是說：如果國家有道，政府講理，我們儘可據理直言而不諱，嚴正行事而不屈，否則如果國家無道，則行事雖仍應嚴正，但說話卻須謙愼了。

回到本題，在謀求國家統一和反制中共統戰的課題上，費、沈兩先生危言危行，很可欽佩，而政府當局對於他們的言行沒有濫用權力，橫加干涉，也可說是有道了。

（七四、八、廿四，史丹福）

民意代表言論新限制質疑

行政院最近關於各級民意代表言論免責權的釋示，引起學術界和輿論界的關切，但看法不無出入，因而尚有研討餘地。

報載行政院的釋示是這樣的：「各級民意代表非在會議之時，利用書報、雜誌、錄音、錄影擴散其在會議時之言論，不論係由本人或他人所爲，並不因其內容曾在會議時發表而免責，自可逕行依法查處其應負的責任。」

代表範圍不可解

這個釋示曾由中央社公開引述，自甚可信。但我對其中「各級民意代表」的「各級」兩字疑是「地方」兩字之誤。因爲據中央社報導，那個釋示是以司法院大法官會議民國六十九年釋示第一六五號解釋爲基礎，而它是監察院所申請解釋的，而且是我所主稿，明明是以地方議會議員爲範圍，並不涉及中央民意代表。它的效力因此也不及於中央民代。但行政院的釋示則似乎把中央民意代表特別是立法委員和監察委員也都包羅在內。所以我不能無疑，於是我請該報向有關機關索取它的原文，據告它是密件，該機關不允索取。但該記者明告：「各級」兩字無誤，而且說包括「中央及地方」。

如果如此，則行政院就大錯了。理由很簡單。因爲行政院釋示既以釋字第一六五號解釋爲依據，而該解釋則專指地方議會議員而言。所以它說：「地方議會議員在會議時，就有關會議事項所爲之言論，應受保障，對外不負責任。但就無關會議事項所爲顯然違法的言論，仍難免責。」行政院怎麼可以任意擴張呢？此其一。

其次，作爲中央民意代表的立法委員和監察委員，他們的言論免責權，普及於「在院內」的一切言論，不限於「在會議時」。（憲法第七十三條和一百零一條）前者包括「會議時」的言論和不僅在會議時而且在該院大門內和圍牆內一切場合所爲有關職權的言論，更不限於該解釋所說和所限制的「有關會議事項」。如果行政院竟將或誤將這頂套在地方議員頭上的緊箍花冠也套在立監委員頭上，則問題和災害自將更大了，所以不可不理。此其二。

因此，我以爲行政院應即補充說明：那個釋示的對象究竟是地方議員，抑或也包括中央民意代表的言論在內。這是我第一個疑問和憂慮。

罪刑連坐不合理

第二、所謂「各級民意代表」「在會議時」的言論，在會議後如果擴散，便須負責。是則民意機關如果將該言論列入紀錄對外印發，新聞記者如果報導，報章雜誌如果登載，它們或他們是否可以免責？該釋示說得並不明白。它們或他們似乎不能免責，並須與該代表同負責任。但也可認爲該代表不能免責，但它們或他們則不必負責。

依釋示文義推蔵，它似乎是說不問它們或他們應否負責，而該代表則責無可逭。而且卽使該代表與它們事前並無意識聯絡，甚至毫不知情，而它們或他們又是職務的自動行爲，但該代表仍須負責。

於是被民意代表指摘的政府機關或官員可以設法擴散該言論，然後依照該釋示向法院訴追該民意代表的刑責。而如果它們或他們可以不負連帶責任，則它們或他們更易予以擴散。那時該民意代表官司上身，因公受害，他和其他民代還敢再行使批評和制裁的職權麼？

日前報載兩位監察委員彈劾中央信託局十一位職員，該項新聞早已普載於報紙，擴散於中外，依照行政院該釋示的精神，他們十一人「自可逕行依法查處其應負的責任」，訴請法院對該提案監察委員科以誹謗之罪，則民意代表不獨將無言論免責權可言，而且法紀也必蕩然了。這是我的第二個疑問和憂慮。

第三、民意代表言論之最易引起爭執者，乃是對政府或官員的批評，例如說某事違法，某官貪污。但這正是民代的職責，所以憲法對其言論予以特別保障。這些言論，民意代表在會議時發表既不必負責，該民意機關從而紀錄和印送，新聞記者從而引述以及報紙從而刊登，也是職責所在，所以也不應任咎。

我國刑法因而定有免責權而予以保護，它的第三百十一條規定：「公務員因職務而報告者」，不罰，「對於可受公評之事而爲適當之評論者」，不罰，「對於中央及地方之會議或公衆集會之記事而爲適當之載述者」，也不罰。又第三百條更規定：「對於所誹謗之事能證明其爲眞實者」，更不罰。

審判機關不可採

然則該被指摘的政府機關或官員，對它們或他們能作怎樣的查處？以軍事或行政命令予以查禁麼？訴請法院科罰麼？但民意機關的紀錄或公報可被查禁麼？法院將會予以處罰麼？則行政院不是多此一舉麼？

最後，我不知行政院頒發該釋示前曾否知會法務部、國防部和司法院，如果各該部和司法院也同此見解，從而轉飭軍法機關和法院也遵照辦理，不准免責，則流弊所及，釋示第一六五號解釋以及憲法保護民意代表言論的精神，都將爲其斷送。可不懼哉？

（七三、一一、一〇）

（附載一）亂摘黃臺之瓜的政治後果

張忠棟

陶先生專文耐人深思

陶百川先生不滿行政院對各級民意代表言論免責權的最新解釋，因在自立晚報發表「黃臺之瓜不堪再摘了！」一文，根據法理，指出行政院的解釋，是把原來地方議員、國大代表所受的言論限制，擴大應用於立法委員和監察委員，是把立、監委原來「在院內」的言論免責權，縮小爲「在會議時」才有，甚至是使立、監委「在會議時」的言論，如果一經散播，也有擔負刑責之虞。總而言之，民意代表的言論免責權是一步步的縮小了，他們今後在各級民意機構中，無論會外會內，所發表言論不能稍有批評，否則的話，一旦惹惱有關機關和官員，把他們的言論擴散一下，就可以叫他們吃不完兜着走了。

陶先生語多沉痛，稍微有一點政治良心的人，都應該三復斯言，把民意代表的言論免責權在憲法的架構下重加思考，把錯誤的解釋收回，或者讓有權解釋的機關去負責解釋。

政院答覆已越權侵權

個人的看法，這次行政院答覆立委質詢，說明民意代表言論免責權的範圍，已經不是簡單的答覆質詢，而是超過過去司法院的解釋，對立法院、監察院各位委員今後的言論擅加限制的越權、侵權行為，這種越權、侵權是根本不顧憲政體制，要不斷的擴充行政權力。根據憲法，行政、立法、司法、考試、監察五權，原是彼此分立，互相制衡，行政決不能高出其他四權之上。但是三十多年以來，以非常時期為由，行政權力早已一枝獨秀，其他四權早已萎縮得只剩一點軀殼。這樣擴大權力、包攬權力、集中權力，將來憲政體制完全破壞，不知還憑什麼立國？還憑什麼建國？

箝制言論無民主誠意

行政院限制民意代表的言論免責權，同時代表當權者恐懼批評的心態。過去專制時代，大家都要求帝王重視批評，所以子產說：「防民之口，甚於防川，川壅而潰，傷人必多，民亦知之。是故為川者，決之使導，為民者，宣之使言。」孔子也說：「昔者天子有爭臣七人，雖無道，不失其天下。諸侯有爭臣五人，雖無道，不失其國。……士有爭友，則身不離於令名；父有爭子，則身不陷於不義」。現在實行民主，實行憲政，人民或者民意代表批評政府和官員，不但對於政治的進步有益無害，而且是天經地義之事。如果當權的人必欲箝制言論，那眞是忘記了中國的傳統，也根本沒有實行民主憲政的誠意。

亂摘果實將遺禍深遠

「種瓜黃臺下，瓜熟子離離；一摘使瓜好，再摘令瓜稀；三摘尙云可，四摘抱蔓歸」。這段「黃臺瓜辭」的背後，牽涉到皇后的攬權，太子的被殺，以及另一位皇子的遠徙，唐朝政局的紊亂，甚至就是從那次權力爭奪中開始。我們現有的民主憲政之瓜，長得並不是頂好，如果大家再不顧惜，繼續隨便亂摘，則遺禍未來，不堪多想！

（附載二）何謂黃臺之瓜？

楊淑慧

國策顧問陶百川先生在本報撰寫「黃臺之瓜不堪再摘了」一文之後許多讀者詢問何謂「黃臺之瓜」？據文化大學中文系教授李殿魁解釋，此語典故出於唐朝武則天的章懷太子李賢所寫的一首歌「黃臺瓜辭」。

「種瓜黃臺下，瓜熟子離離；一摘使瓜好，再摘令瓜稀；三摘尙云可，四摘抱蔓歸」。李賢爲什麼會寫這首「黃臺瓜辭」，其背後有段故事。

李殿魁說，唐書建寧王倓傳中記載：唐高宗有八個兒子，其中四個是武則天所生，長子李弘被武則天立爲太子後，武則天爲保己位，深怕自己的兒子有篡位的一天，便用毒藥毒死了李弘。

然後，武則天又立了次子李賢爲太子，李賢雖然被立爲皇太子，但心中很不快樂，因爲他看到母親多疑狠毒的心態與作法，擔心自己也會像哥哥李弘一樣的命運，然而，他既身爲太子，自有義務跟在母親身邊，在不敢講話的情況下，他只好寫了一首歌，便是「黃臺瓜辭」，叫樂臣唱給武則天聽，意思就是說，母親只有四個兒子，凡事得開明一些，不要動不動就想除掉這個、拿掉那個，否則，到最後會一個也不剩，就像所種的瓜一樣，最後只有空抱蔓藤的份。

最後，李賢還是因爲不贊成武則天的作風而被趕到四川而死在貴州。

因此，「黃臺之瓜」一說，實乃語重心長的諍言。

兩件誹謗官司的「月亮」

——時代週刊案和CBS案的特色

臺北兩案尚難批評

臺北和紐約最近半年中都發生了兩件誹謗官司。在臺北的是馮滬祥控告「蓬萊島雜誌」，初審判決被告陳水扁、黃天福和李逸洋三人，因共同連續誹謗，各處有期徒刑一年，並應連帶賠償新臺幣二百萬元。

另一案是王玉雲控告「前進時代」，被告蔡仁堅、楊祖珺和陳裕鑫三人各處有期徒刑八個月。

在紐約的，一是以色列前國防部長夏隆控告時代週刊誹謗。因爲該刊曾說夏隆在回教徒難民營七百多人被屠殺前一日曾與黎巴嫩總統家族討論前總統基梅爾被刺的報復問題，暗示夏隆默許報復，於是促成了屠殺事件。審判結果，夏隆敗訴。

在紐約的另一誹謗案，是美國前越戰總司令魏摩蘭控告CBS（哥倫比亞電視公司）。因爲它指摘他故意隱瞞北越軍隊的數額，以多報少以致美國輕視敵人，吃了敗仗，他認爲它侮辱了他，訴請損害賠償。但在調查庭快將結束時，原告與被告庭外和解，撤回告訴。

臺北友人要我就這些訟案發表意見，並加比較。但因臺北兩案都在上訴，依法不得評議，而紐約兩案則已結束，而且具有特色，不愧爲美國月亮，值得報導，以供讀者參考。

紐約兩案特色紛陳

紐約兩案的特色之一，是它們的標的都是民事賠償而非刑事懲罰。夏隆要求賠償五千萬美元，魏摩蘭要求賠償一億兩千萬美元。這些巨款，對被告乃是極沉重的負擔，自足收懲儆之效，所以不必也不能科以自由刑，以免過分傷害言論自由。

特色之二：調查是以律師爲主體，判決是由陪審員作主。這次兩案的陪審員，時代案是六人，CBS案是十二人，人選都經雙方律師調查和接受，判決須經全體陪審員一致同意，法官祇在旁提供法律見解，他的作用因而不大。這樣可使案情查得很清楚和公平，判決做得很審愼和公正。

特色之三：審判的過程非常鄭重和冗長。時代案歷時三個月，其中陪審員的秘密討論和表決就佔了十一天。他們經過三項表決；第一項，問：時代週刊是否誹謗了夏隆？表決結果：是的。

第二項，問：時代是否報導不實?答：是的。第三項，然則時代是否應負誹謗之責?結論：不負。至於CBS案雖經和解而結案，但審判時間更長達四個多月，傳訊證人多達三十餘人，可謂十分鄭重。

特色之四：兩案的原告被告對訴訟結果都表示滿意。時代案雖判夏隆敗訴，但他卻說他已勝利。因爲他說，法院已恢復了他的名譽，他訴訟的目的，不是獲得金錢賠償，而是平反名譽損失，法院的判決明白認定時代週刊以不實的報導損害了他的名譽，它已還他清白，所以他不必上訴了。

至於魏摩蘭雖未獲得分文賠償，也未獲得CBS的道歉，但後者在和解書中宣稱：魏並非不愛國，他在越戰中也沒有不忠於他的職責，所以魏認爲他已獲得精神勝利；他說，CBS假使早作了那樣的聲明，他就不會興訟了。

此外，CBS承諾不要魏摩蘭負擔它的訟費，於是雙方乃都表示欣慰。

公衆人物不易取勝

特色之五：美國的誹謗法規定，對官員和公衆人物的報導和批評予以特別保護。這就是夏隆所以敗訴和魏摩蘭所以不得不放棄追訴的原因。假使兩人都是普通人民而不是官員，他們的官司也許就能勝訴了。

美國最高法院在一九六四年沙利文控告紐約時報的判決書立下這條判例。它指出大衆傳播媒體關於官員和公衆人物的報導和批評卽使涉及誹謗，但是祇要不是出於惡意，也就是說不是明知不實而仍悍然發表或鹵莽從事，則誹謗者仍可不負誹謗的責任，至於被告是否具有惡意或明知故犯，則須由原告負舉證之責，而這種「誅心之論」是很難證明和成立的。這種保護雖似過份，可是國家如果不給大衆傳播媒體及其言論自由以那種特別保護，它就不敢對公衆事務作出深入的報導和批評，那更非國家之福。

如將以上那些特色與一般他國作比較，就可知道美國言論自由的月亮放射着燦爛光輝，照亮黑暗或齷齪的地方，於是國家和社會也就有福了。

月有陰缺無妨光明

可是，話雖如此，「月有陰晴圓缺」，美國的月亮，當然也有陰暗和缺陷。

首先，美國官司非常花錢，這次兩個官司的原告和被告，每人各用去了一百多萬美元。魏摩蘭的一百多萬美元乃是一個保守派基金會所供給，該會因此負債五十多萬美元。這將使一般人不敢出頭告訴，而誹謗者便可逍遙法外了。

但是由於同樣的原因，很多大衆傳播媒體因恐被控破財，不敢對公衆事務作出深入的報導和批評，這也是很大的流弊。

於是有心人士乃謀加以補救，其中一個建議是誹謗官司不必以金錢賠償作爲起訴的方法和標的，而准許原告要求法院命令被告撤銷它的報導和批評，以還他清白和公道，而不必賠償。於是當事人就不會過分緊張，而法院也就易於處理了。

最後，我還應指出，由於這兩件誹謗官司花錢很多和宣傳很廣，行見大衆傳播媒體以後會更審愼和更公正。而被誹謗的人因經提起訴訟而稍稍討回公道，仍會以訴訟方法發揮嚇阻的力量。這樣互動互感，相生相尅，可使言論自由不致氾濫成災，但也不致枯萎而死，於是國家和社會乃能保持平衡，安全和進步。

七四、三、一四

第五種負責精神

中國時報所經營的兩個刊物：時報周刊和時報雜誌，我都每期必讀。如所周知，前者注重社會性，後者注重政治性，所以前者比較陰柔，後者比較陽剛，但是環肥燕瘦，我都喜歡。

現在時報周刊發行已滿二百期，編者要我略述觀感。我想移用時報雜誌「負責二字的標竿，作爲我對時報周刊的建議和祝頌。

按時報雜誌所揭示的「負責」範圍，包含四種：向歷史負責，向眞理負責，向大衆負責，向理想負責，凡此都很重要。但是對於時報周刊，我想貢獻另一種「負責」，就是向自己的家庭和子女負責。

作爲一個暢銷而陰柔的社會性刊物，它必需注重美藝化，所以時報周刊每期都以美艷女郎作封面。如果讓它過分暴露，就會損害風化，但我以爲也不必過分守舊。我貢獻一個評鑑的標準，就是編輯先生是否願意讓他自已未成年的子女也去欣賞那些封面。如果他認爲他們不宜看，但仍把它印作封面，那就有背「負責」的精神了。

所幸時報周刊對稿件的取捨很有分寸，所以堪稱是一個有趣而有益的談物。我期待它有更大的貢獻和很遠的前途。

七〇、一一、三〇

國會改造問題

懸崖勒馬且慢改變監委選舉法

上次監察委員選舉出現了兩大特色：一是執政黨提名幾頭所謂「金牛」，而它們也不出大家的預料，居然因多金而當選；二是尤清以黨外脫穎而出。

兩者對黨都不光采。可是黨部對前者，似乎不很介意，而對後者則大傷腦筋，力謀對付。政府這次不惜放棄監委選舉的單記投票法，而力排衆議，要改用限制連記法，論者認爲祇是爲對付尤清一人而已。

監察院少了一個尤清，因可使耳目清靜一點，但不應在選舉方法上動手腳，以致示人以不公和不誠。而且一個尤清何足僨事！反之，留著一、二個尤清，放放「空砲」，對政風不無一些淨化作用，他人更不得因而指摘執政黨是欲一黨包辦。

至於說改爲連記法是爲防止賄選，但我看這將使賄選更加猖獗。因爲如用單記法，以臺灣省議會爲例，監委候選人有五、六票就可勉強當選，但如改採限制連記法，一個省議員可圈選五、六個候選人，則候選人須得三十票方能順利當選。這是說，依照理論，一個省議員不僅可出售一票，而可出售六票；一個候選人不僅須買五、六票，而須買三十票，則監委選風不是將更被汚染，而鬧得更臭不可聞和烏煙瘴氣麼！

現距監委選舉尚有三、四年，我籲請懸崖勒馬，選舉方法且慢更張。

（七二、二、二八）

（附載）監委選票的價碼

李文邦

以「單記法」選出的本屆監察委員中，大部份人以賄選行爲買票，每票價碼從八百萬元至一千萬元。這種價碼與賄選行爲早已是「公開的祕密」。很多省議員甚至認爲，這是他們法外職權的「應得利益」。

年底的下屆監委選舉首度適用限制連記法。依照選罷法規定，監委選舉，選舉人的連記人數，最高以應選名額二分之一爲限。台灣省選出的監委有十二個名額，換句話說，每個省議員至多可以圈足六票。如果每位議員皆簽足六票，七十七位省議員所簽出的票數應爲四百六十二票，這些票數再除以十二位應選名額，則每位監委必須卅八至卅九票才能當選。

依據一些省議員的盤算，今年監委的行情，以卅票可以當選，而每票二百萬元爲度，將高達六千萬元。如果黨部積極介入（防止），再加上參選人的人情鐵票，則亦可能降低至三、四千萬元。

（摘錄自立晚報，七五、五、六）

辦好選舉的緊急呼籲

現在我想提出兩個緊急呼籲：一是競選言論應該放寬。二是競選經費必須收緊。

選舉罷免法第五十四條規定：「候選人或他的助選員不得煽惑他人犯內亂罪，違者依第八十六條處七年以上有期徒刑。」我以爲過分苛刻，有違人權，也足以妨害選舉。

所謂內亂罪，依刑法第一百條，是指「意圖破壞國體或竊據國土或以非法之方法變更國憲，顛覆政府，而著手實行者」，但該項內亂大罪也僅處七年以上有期徒刑，預備或陰謀犯內亂罪者，則僅處六月以上五年以下有期徒刑。言論文字的煽惑都不在該條處罰之列。而選舉罷免法竟將言論文字的罪行也科以七年以上有期徒刑，遠重於預備或陰謀犯內亂罪者的本刑（六月以上五年以下），豈非過分苛刻，豈非不合情理！

觀於最近法院，對檢察官依煽惑內亂罪起訴的一個被告自動予以減刑二分之一判處三年六個月，而我以爲猶嫌太重，但依法不能再減，可知第八十六條該項重刑實在太不合理了。

但我不主張把該條根本刪除，因爲可能有人會眞的煽惑內亂，我主張修改該第八十六條，依照預備或陰謀內亂的罪刑，改處六月以上五年以下有期徒刑。「五年以下」，即使僅判六個月徒刑，依法也不得易科罰金，這個刑罰，已經夠重了。

關於競選經費的限制問題，我建議：

一、候選人競選費用，除應繳付的保證金外，不得超過選舉委員會公告的費用限額。前項費用限額，由選舉委員會按照實際需要，於公告選舉投票日期時一併公告之。

二、前項競選費用，候選人應造具概算書，於申請登記爲候選人時，繳送選舉委員會備查，不繳送者，視爲登記手續欠備，不予受理。前項概算書格式，由選舉委員會統一製發。

三、候選人競選費用的收支，應設置帳簿詳細登記，縣市選舉委員會得派員查核。如發現有違背規定而情節重大者，應依本法取消他的當選資格。

而且選舉罷免法應增加賄選罪如左：

一、有投票權的人，要求期約或收受賄賂或其他不正當利益而許以不行使投票權或爲一定的行使者，處三年以上有期徒刑，得併科五萬元以下罰金。犯前項的罪者所收受的賄賂沒收之。如全部或部分不能沒收時，追徵它的價額。

二、對於有投票權之人，行求期約或交付賄賂或其他不正利益，而約他不行使投票權或爲一定的行使者，處五年以上有期徒刑，得併科七萬元以下罰金。

（七〇、六、二〇）

遙祝國內選舉要與先進媲美

離臺來美，快將半年，我尚未作過演講，也未參加座談，更未爲國內外報刊寫過文稿，甚至去年應允下來要在今年清償的紐約和洛杉磯的「言債」和「文債」，也因未去美國大陸而拖欠下去。凡此都是老態，歲月凌人，無可奈何。

近因國內增額立法委員的競選正在緊鑼密鼓，好戲快將上演，以我一向對於自由民主的關切，我當然不能一下子就漠不關心，錯過現場觀賞的機會。正好我假期屆滿，內人病癒，所以決定回國。

但中國時報記者卻迭次來函央請我在最近期間就立委選舉發表拙見，並提出問題，附送資料，供我參考，盛情難卻，我乃不得不勉爲其難，略述所感。

我對選舉向不悲觀

問：隨著競選運動的逼近，朝野上下都很緊張，因爲中壢事件和高雄事件都是選舉所產生的災禍，迄今創傷未癒，記憶猶新，許多人難免提心吊膽，生怕再生事故。你在十餘年前首倡中央民意代表的增選和補選，你有什麼感想？是欣慰還是失望？是樂觀還是悲觀？

答：當然是欣慰和樂觀，沒有失望悲觀之理。

我所以欣慰，乃因臺灣自從辦了增額中央民意代表選舉以來，民氣格外旺盛，士氣格外崢嶸，正氣格外發揚，於是生氣也格外蓬勃。而這「四氣」乃是民族的命脈，社會的動力，政治的維生素，國家也果然因而進步了。

我生平學的是政治，而大半生也在從事政治，憑這學識和經驗，我發現了兩句「眞言」：「政治永遠需要批評」，「權力永遠需要制衡」。因爲人類有自私自利的劣根性，所以有權者往往會濫用權力，以圖私利，於是政府一定腐化，政治一定惡化。救治之道，首須以權分權，以權制權，而其關鍵乃是言論自由和定期選舉。

臺灣自從有了中央民意代表的增選，政治受了批評，權力有了制衡，雖然力量還不夠大，但已有了好的開始，循此前進和發展，人民和國家自必都能受益。所以我很欣慰。

其次，我何以並不悲觀呢？因爲民主政治雖是較好的政治制度，可是實踐卻不容易。必須予以歷練的機會，以及假以長久的時日，而中途也尚可能發生錯誤和挫折。先進國家實施民主政治，以時間和經驗而論，英國已有六百多年的歷史，美國也有二百多年，甚至日本也達一百多年，而這三國的民主程度，大體上與其時間成正比。但臺灣則充其量也只有短短的三十多年而已，中央民代的增選，且僅十四年，而能有此成績，是則對其現狀和前途，我們還能不樂觀麼！

這次更有樂觀之理

問：中央民代的增選固然掀起了黨外知識青年問政從政的熱潮，這是好的一面，但同時也帶來了反對執政黨和政府的衝擊，使人產生敏感和恐懼。你以為如何方能化戾氣為祥和？

答：茶杯中當然不會起風波，但池塘便不可能沒有波紋，而海洋則必有大風大浪，這是自然之理。

可是風浪何嘗一定覆舟死人，反之，如果妥為利用，則它且能載舟利人。對於政海中的反對浪頭，我們也應作如是觀。所以對於某些暗流或逆流，我一直主張因勢利導，而不宜圍堵壅塞。

昨天在友人寄給我的複印和剪貼資料中，我看到一本黨外刊物「對當前自由化傾向的基本態度和主張」的社論，它指出執政黨近有自由化的端倪和現實主義的抬頭。它舉出幾個例子，對於黨外後援會，它說：「自始至今，國民黨一直採取觀望的態度，事前既未加以恫嚇，事後亦不加以任何形式的干擾。對緊接著後援會成立的『黨外編輯作家聯誼會』，國民黨亦未曾有一言的恫嚇和一絲的阻擾。並且，往日聲名狼藉的疾風式行動，除了查扣雜誌外，也銷聲匿跡。和歷屆選舉相較，這次的選前氣氛是較為祥和的一次。選前刻意製造的恐怖氣氛沒有了，選前抓人的例子，到現在也還沒有重現。」

友人在該文印本上加註：「這是黨外最激進的一個刊物首次出現肯定執政黨的文字」，他認爲乃是好現象。

從這一回合中，我樂見政府和在野者都表現出君子風度：是則是之，善則善之。最可貴的，乃是政府先以善意和容忍對待在野者，而在野者也能知所欣賞，報以美言。我希望這一例子能成爲朝野雙方今後相處的準則，而不是一時一端的權宜之計和過眼煙雲。

提名和候選人作風

問：執政黨這次高額提名，有些地方甚至提足應選名額，你以爲這對民主發展有何意義？

答：以正常的政黨政治來衡量，足額提名原很正常和必要。因爲政黨透過選舉掌握政權，必須多得選票和議席，那有虛左待客之理！但是我們的執政黨過去爲使無黨籍人士也有當選的機會，所以故意禮讓一部份席位，乃是例外，我很欣賞。由於我們政權穩固，不怕有人奪權，自可繼續禮讓，稍示天下爲公的精神，並使民青兩黨和無黨籍人士也有參政的機會。

問：現在美國總統候選人的黨內提名競爭已經提前開始，你是否發現有些良好模式可供我們參考，使我國選舉能夠辦得更好，以與先進各國媲美？

答：競選人的作風很重要。

我自一九三六年參觀羅斯福總統的競選運動以來一直很注意也很欣賞候選人的競選手段和風度，很少聽說賄選和使用暴力，甚至一言一文也都循規蹈矩，溫和文雅。

一個月前，民主黨候選人前副總統孟代爾因在告同志書中指另一候選人葛倫參議員是「反民主黨的民主黨員」。葛倫認爲被侮辱，孟代爾乃在上月二十日致電道歉。他說，他爲那句顯然不當的話很感歉疚，希望將來親自道歉。

這種君子風度，固然出於個人的美德，但未始不是環境所促成。因爲美國許多大團體各設政治委員會，密切注視候選人的言行，加以擁護或反對。聯邦政府更有獨立中立的中央選舉委員會從事管理和監督。所以任何候選人都不敢不自我約束、守法守禮（請參閱拙著「創意造勢突破逆境」第一三〇頁）。可惜我國國情不同，不能如法泡製耳。

（七二、一一、九，檀香山）

以「平常心」辦好選舉

由於年來發生一些重大事件，而年底選舉又是兩年來第一次全體公民投票機會，因而聽說有些政治觀察者把這次選舉看成人民對整個政府的信任投票，特別予以重視。我認爲這種看法未免有點過份緊張。這次選舉本質上是地方公職人員選舉。足以影響地方選舉的因素不是高層次的政治問題，而是候選人的地方關係、派系力量，和地方行政問題和局部利益，不足以反映人民對整個政府的信任問題。而且現在人民對整個政府大體上是信任和擁護的，不是地方選舉選票多少所能反映或左右。所以大家不可過份緊張，要把得失看得淡一點。

對於選務方面，我想也說一點。我現在美國，依美國選舉經驗，她的成功首先是有一個獨立行使職權的選舉委員會，具有爲選務立法、監察和司法的功能。美國選舉委員會是多元的、中立的、超然的。所以能夠作到公開、公平、公正，進而達到公道。

我國與美國國情不同，當然不能採用這個模式。但我希望我們的選舉委員會，應該把自己視爲超出政黨利益的國家組織，爲民主法治服務。果能如此，這次選舉縱使大家相當緊張，但仍能辦得很正常、很正當、很正大。

七四、一〇、二三

選舉回顧民主前瞻

臺灣選舉結果揭曉後，民衆日報記者就以越洋電話要我發表評論，那時我還沒有看到臺灣報紙，不知詳情，不能深談，而又不願淺談，所以祇得許以另寫一文。現在試作回顧和前瞻。

平常平安公平公正

首先，我樂聞那是一次平和平安的選舉。那很得力於參選政團特別是執政黨方面，心態正常，舉動正當。我在十月二十一日，對聯合報記者發表談話就已指出：我很欣賞中央組工會主任宋時選先生一句話。他說，執政黨要以平常心來辦好這次選舉。所謂「平常心」，我以為就是正常的心態，而不是非常的心態，更不是反常的心態。政府、執政黨和一些候選人如果都能以正常、平常的心態從事選舉，決不使用非常的手段，則選舉就能順利完成。

其次，我更強調，辦好選舉，祇靠「平常心」是不夠的，尙須在辦法和實踐方面做到公平和我公正。曾在上引同一談話中舉出無黨籍人士在那次選舉中所能扮演的角色作爲選舉是否公正公平的檢驗標準。我說，他們組織黨外選舉後援會，推薦候選人，提出共同政見，儼然是一個雛型政黨，但政府對他們的活動，並未加以干涉。有人也許因而認爲是反常的。我則認爲那是正常的，如果黨外人士不組織選舉後援會，或政府加以干涉，那才眞是反常了。

但我還須指出，在黨禁之下，這些成就畢竟非比尋常，對雙方都有好處。如果善加維護，這一粒小小種子，可能發展成爲未來政黨政治的大樹，爲國家奠定長治久安的基礎。這將是黨外之幸，也是政府和執政黨的成績和光榮。

對於競選對手之組織的容忍，執政黨這次已通過了公平公正的考驗，但距政黨政治和政黨競選，還很遙遠。爲著國家也爲著執政黨自身，我期待它會努力以赴。

作業電化選票淨化

此外，臺灣選舉雖已建立法制，但在技術上所當改進之處還很多，限於篇幅，我現在先提出兩項：作業電化和選票淨化。前者包括利用電視宣傳政見以及利用電腦處理整個投票過程。

選舉的目的，是選賢與能，爲國家舉拔人才。所以選民在選擇代表時必須先看候選人的形象和聽到候選人的政見。現行方法，是舉辦政見發表會，那不獨勞民傷財，而且次數太少，場地太小，大多數人無法參加，選民選擇就感困難。如果開放電視，就可彌補這個缺點。

至於投票、檢票、唱票和計票，更是選舉作業的關鍵，也是政府公信力的考驗，而迄今尙易引起選民的懷疑。如果採用電子處理，選舉人祇須按一下候選人的姓名，一切手續都由電子自動辦理，既不費時，也不費力，而且不易作弊，不會失誤。這種投票機器的價格並不昂貴，我希望明年選舉時就能裝置和使用。

但最使人憂慮和憤慨的，乃是賄選；選票爲賄賂所污染，人才爲金錢所排斥，政風爲貪污所傷害。但防杜也並不太難。我建議在明年選舉前先來一次「反對賄選」的大運動，以宣傳教育等方法，由父母子女兄弟夫婦朋友互相勸勉和監督，使大家不屑受賄，也不敢受賄。同時，我也像林山田教授所鼓吹的，「我希望在下一次選舉時，有血性、正義感的年輕人，組織一個特別行動隊，由有社會公正性的人士來負責號召的工作，相信一定能捉到賄選，並使其繩之以法，使法能夠發威、發生功能。」鑒於現代民主國家在選舉方面已做到弊絕風清，我期待我國的選舉不久也能淨化。

管理官辦監察民辦

最後，我願響應民衆日報十八日的自由談徵文：「建議考慮選舉事務委由民間團體」主辦。這個構想很新穎，也很有意義。觀於美國政府那樣民主，而其文官又必須超出黨派和保持中立，可是人民對他們還是不能放心和信任，於是另設一個多元的和超然的聯邦選舉委員會，主持選舉。它置有委員八人，其中四人由共和黨和民主黨分別提出各二人，送由國會兩院審查通過。兩黨所提人選因此勢須相當公正和賢明，否則不易爲國會所接受。

另外兩人由總統指派。這六人中只許三人同屬一黨。最後兩人是由參衆兩院秘書長擔任，是當然委員，辦理事務和溝通，可是沒有表決權。美國這個制度，民辦的成分和色彩，顯然較多於官辦，所以能使選舉辦得眞正公開、公平、公正和公道。

但我國目前絕無採行這個制度的可能。不得已而求其次，我建議把現在選舉委員會所掌管的監察權讓給民間人士去辦，或像我多年來所鼓吹的，中央選舉委員會增置副主任委員和副秘書長各一人，由總統遴選卓著聲譽的無黨籍社會公正人士分別充任。如此政府主持，民間協辦，極可能把選舉辦得更好、更美。但它能荷政府採納麼？

（七四、一一、二四，檀香山）

民主改革問題

自由民主法治的空谷足聲

——陳敏訪問陶委員的觀感

陶百川所憑藉的是「讀書人的骨氣」

許多人認爲，現在監察院出現了幾位敢言之士，但他們都是有「羣衆基礎」的；比較之下，陶百川先生在監察院二十多年的表現就更令人欽佩了，因爲他可以說沒有地方「羣衆基礎」；陶百川所憑藉的祇是「讀書人的骨氣」，所發表的言論及所做所爲，無非是爲了要建立一個良好的政治制度，無非是要我們的國家能長治久安。

事實上，「陶百川」三個字此時此地已成了特定的名詞。輿論界以「立法院的陶百川」來形容某些表現良好的立委，以「希望監察院能出現更多的陶百川」來勉勵新進的監委。由此可見陶百川被我們社會肯定的一斑。

民國六十六年六月，陶百川辭去監委的職務。當時《仙人掌》雜誌第四期曾以陶百川當封面人物，爲文介紹，並且以爲陶百川「已經下定了退休的決心，不但自監察委員的職務退休，並且從輿論界退休」，事實證明這項看法並不正確，因爲陶百川仍然扮演着吃重的角色——仍然以健朗的身子從事着「寧鳴而死，不默而生」的工作。

例如，陶百川於民國六十七年底起，爲了恢復中斷的中央民意代表選舉，不斷的奔走呼號。陶百川認爲選舉不應該受中美斷交的影響而中斷，可是，既然總統已下達緊急命令中止了選舉，陶百川退而求其次——認爲應該在最短的時間內恢復選舉，因爲恢復選舉是國家安定最好的明證。陶百川並且曾以國策顧問的身分，親自把他的意見陳述給蔣總統。事實證明，如果陶百川的意見當時被採納的話，高雄事件就不會發生了。

《臺灣時報》及《遠東時報》的董事長吳基福先生日前於《遠東時報》創刊時，曾稱呼陶百川「是國內國外最受敬重的新聞界前輩」。《遠東時報》的社長許世兆則對陶百川「深感佩服」，認爲「陶先生的文章篇篇有內涵，篇篇言人之不敢言，尤其高雄事件以後，在國內那種低氣壓之下，陶先生的文章不但有內容，字面上看來卻不慍不火，不致令人無法接受，像這樣的文風，很可以做爲未來大家爲文的標準」。近幾年來，已有五十多年黨齡的陶百川都是帶着善意的眼光，扮演着忠誠批評者的角色。陶百川批評時政的文章及言論始終是——苦口婆心、引經據典、不厭其煩的，對政府雖然是愛之深，但卻不願責之切。

一黨獨大不是民主政治常軌

陶百川認爲，臺灣民主政治的前途，多半取決於國民黨，而且將來國民黨將繼續「一黨獨大」。一黨獨大雖然難免有流弊，但陶百川肯定了其有貢獻的一面——「政治安定、社會進步，上下同欲、朝野團結」。

但是，一黨獨大畢竟不是民主政治的常軌，陶百川也力主臺灣應走上「政黨政治」的道路。陶百川認爲政黨政治應該是：一、國家准許人民依法組織政黨。二、兩個以上的政黨派出代表競選行政首長和國會議員，從而可能對政權作和平的轉移。問題是，這種政黨政治，執政的國民黨能接受嗎？陶百川對這個問題的看法是樂觀的。

去年二月十八日，陶百川在《八十年代》雜誌的座談會中，曾引用國民黨總理孫中山先生在民國二年所發表關於政黨政治的話，「證以他（中山先生）後來那樣的天下爲公，實在是非常的眞誠」，並且認爲當時富於民主思想的年輕人和知識分子願意參加國民黨的原因是：「國民黨從開始一直就沒有把持政權，不實行民主憲政的意思」。最後陶百川的結論是：「從孫中山先生開始，一直到蔣先生，始終維持這一番對民主政治的信心和作法，如果國民黨和政府有一天突然宣布要恢復並擴大政黨政治，我將毫不驚奇，因爲這正是國民黨的傳統精神」。

稍後，黨外的十位立委在立法院提出聯合質詢，主張開放黨禁等。行政院在書面答覆中，依戒嚴條款，「目前國家正處於非常時期，暫停在已有政黨之外另組新黨，於法並無不合」。陶百川認爲，行政院的這項答覆比以前較有彈性及進步，因爲答覆中用了「暫停」兩個字，這表示了

「組織新黨在原則上可以准許，而且不致停得太久。」因此，陶百川認爲，「正常的政黨政治已在臺灣展露曙光，略顯遠景」，並且主張所謂的「暫停」應以兩年爲限。陶百川去年三月二十九日建議國民黨十二屆全代會能夠決定在兩年之內制定政黨法，好讓人民依法組織新黨。

所謂法統，重點應在國民大會

將來國會議員（國大代表、監察委員、立法委員）逐漸凋零後，必然會產生所謂「法統的危機」，對這個問題陶百川有什麼看法呢？

陶百川說，他所主張的方法是一種 Compromise。陶百川認爲所謂法統，重點應該放在國民大會。因爲立法院及監察院所決定的及所能影響的局限於臺灣一地，因此陶百川主張將來立法院及監察院應不斷增額選舉產生。至於國民大會，陶百川則主張總額的三分之一經由選舉產生，其餘的三分之二由執政的國民黨遴選產生。爲甚麼說這是一種 Compromise？因爲此一辦法執政黨已在立監兩院做出讓步，但是國民黨在國民大會則掌握絕對的多數，因爲遴選出來三分之二的國大代表必然和國民黨是「志同道合」的，將來在行使四權、修改憲法及選舉總統時，國民黨必然仍能握有絕對的優勢，也就能把法統承續下去。陶百川稱呼這個承續法統的方法爲「英國模式」，因爲這個主張相當類似於英國上、下議院的制度。

陶百川認爲，要維持國內的安定，有兩個管道必須暢通：一個是言論自由，另一個是定期選舉。

應該培養「爭衡」的力量

在言論自由方面，由於現在國內政黨政治未上軌道，因此，制衡的力量相當微薄，爲了補救制衡力量的不足以及防止一黨獨大所帶來的腐化及遲滯，陶百川認爲我們的社會應該培養「爭衡」的力量——包括輿論及清議；由於臺灣現處於非常時期，因此有許多的禁忌，輿論及清議雖然有些進步，但是所受的束縛仍然太多。儘管如此，陶百川認爲「政府的言論方針也還相當寬大」，「言論尺度並不如我們想像中那麼狹窄。但自由還是靠大家去爭取的，有人據理力爭，政府自會讓步和改進」「我們在一段報紙上難得看到對某些較敏感問題的報導或評論，報紙應負一部分責任的；報紙的記者太 Overcautious」，另外，陶百川還認爲「在海外辦報，言論尺度可以放寬，對臺灣而言，不但是一種刺激也是一種教育，讓臺灣的尺度也慢慢放寬」。

陶百川以爲，政府對言論文字的管理不要引用戒嚴法，而應以出版法爲執行的準則。「出版法應該是言論文字管道的清潔劑。」假定政府照出版法做，同時言論文字也照出版法做，這個管道就能比較暢通，衝突與對立就可以減少了。「取締出版品必須絕對遵守出版法，不必減一分，但也不可增一分。例如違法言論必須依照出版法加以取締，但該言論如果祇是一句一段或一章，則所可取締的自是該句該段或該章而已，不許連累他句他段或他章，而在該句該段或該章經出版人修正後，應准該出版品恢復發行，庶幾言論自由和國家安全得以兼顧」。

選舉要公道，不要限制太嚴

談到選舉，陶百川在「公平、公正、公開」三公之下「畫龍點睛」的加上了「公道」。「因爲選舉的作用和目的，無非是選賢能而除不肖，而這就是公道。那些公開、公平、公正的精神和做法，都祇是爲了伸張公道。公道如果不張，卽使做到三公，選舉也難以說是成功。」

早在民國五十二年陶百川就覺得行政院公布的競選規則使「競選的足被纏得太緊了」。對選舉的限制和監察，陶百川主張把「重點放在金錢方面，而不該放在一般宣傳方面」。令陶百川大失所望的是，經立法院通過的現行選罷法在某些方面反而大開倒車，把選舉的腳纏得更緊，並且更將使金錢汚染了神聖的選舉。陶百川針對目前的選舉活動情形，提出「競選言論應該放寬，競選金錢必須收緊」的呼號。

陶百川認爲，現行選罷法第五十四條（規定候選人或其助選員不得煽惑他人犯內亂罪，違者依第八十六條處七年以上有期徒刑）「過分苛刻，有違人權」，因爲「所謂內亂罪，依刑法第一百條，是指意圖破壞團體或竊據國本或以非法之方法變更國憲，顚覆政府，而着手實行者。而該項內亂大罪也僅處七年以上有期徒刑，預備或陰謀犯內亂罪者，則僅處六月以上五年以下有期徒刑。言論文字的煽惑都不在該條處罰之列。但該選舉罷免法竟將言論文字的罪行也科以七年以上有期徒刑，遠重於預備或陰謀內亂罪者的本刑（六月以上五年以下），豈非過分苛刻！豈非不合情理！」

對於張春男先生被檢察官依煽惑內亂罪起訴，被判處三年六個月一案，陶百川的看法是：「猶嫌太重，但依法不能再減，可知第八十六條該項重刑實在太不合理了」，因此主張「修改該第八十六條，依照預備或陰謀內亂的罪刑，改處六月以上五年以下有期徒刑。五年以下這個刑罰，已經夠重了」。陶百川並且呼籲選委會和法院在研判競選言論時，必須鄭重其事，注意研判候選人是否眞正有煽惑內亂的犯罪意思。監選人員應可用當場警告的方式阻止煽惑的言論，「則事後便不必小題大做，過分敏感或恐懼，從而科以煽惑內亂罪，因而嚇阻候選人對政府或官吏的批評和檢討」。

陶百川認爲，爲了減少「選舉浪費」，限制候選人的競選金額，實屬必要。既然現行的選舉規則限制每個候選人最多祇能有四輛宣傳車以求公平，則訂立最高競選金額更能增加選舉的公平性。陶百川並且主張「候選人競選費用的收支，應設置帳簿登記，縣市選舉委員會得派員查核。如發現有違背規定而情節重大者，應依法取消其當選資格」。

現行選罷法對於賄選無加重處分的規定，甚至避而不提，陶百川談及此，大搖其頭。如果讓賄選繼續泛濫下去，必然導至賢能出頭無望，選舉的「公道」將安在呢？

因此，陶百川主張選舉罷免法應增加「賄選罪」如左：

一、有投票權的人，要求期約或收受賄賂或其他不正當利益而許以不行使投票權或爲一定的行使者，處三年以上有期徒刑，得併科五萬元以下罰金。犯前項罪者，所收受的賄賂沒收之。如全部或一部不能沒收時，追繳它的價額。

二、對於有投票權的人，行求期約或交付賄賂或其他不正利益，而致他不行使投票權或爲一定的行使者，處五年以上有期徒刑，得併科七萬元以下的罰金。

對於現在輿論界、在野人士以及政府有關人員重視賄選問題，陶百川表示這是可喜的現象。關於賄選，陶百川認爲有兩點值得提出來談一談。

陶百川表示，按照英國的法律，請選民喝杯咖啡或者利用交通工具載選民去投票都可認定是賄選。我們這裏則要候選人本人進行賄選，並且當場被逮到才足夠構成賄選的證據。因此，陶百川主張，賄選證據認定的問題應提出來公開研究討論。

當選的候選人如果涉嫌賄選，被檢察官提起公訴後，陶百川主張應該立卽停止該當選人的職務，俟法院證實其清白後才能恢復其職務。否則的話，當事人仍然「好官我自爲之」，這豈不是天大的笑話？

選舉時，陶百川認爲選舉委員會應依法執行公務，不受干擾。選委會辦得好，選舉才能成功。陶百川不贊成中央選舉委員會全部由行政院產生成員，「最好行政院、立法院、司法院、考試院、監察院各推二人，其餘五人由行政院派任，共十五人」。

陶百川主張「聯合監票」。舉例來說，投票所有一百個，有二十個人參加競選，這二十個人可各推派出十個監票員，這兩百個監票員將來進行「聯合監票」。如此一來，候選人就沒有監票員不夠之虞。

監委選舉，執政黨不應提名

談到監察委員的選舉，陶百川對上次立法委員、國大代表選舉中，執政黨提名比率爲五十七點三，而監察委員的選舉，執政黨的提名率竟然高達百分之八十六點三，「很不以爲然」，而且對執政黨提名的監委人選也不苟同。

關於監委選舉，陶百川主張執政黨不應該提名，應該全部開放自由選舉。他的見解是，執政黨應該控制國民大會及立法院，因此立委及國代的選舉應該提名及輔選。至於監委則不應提名，「因爲當選如果不靠黨提名，新監委則不會有靜候黨的指示才去做事的情形發生，而因爲對政府的顧慮較少，有更多發揮監察功能的機會」，並且監察院「其性質和作用，和國民大會立法院大不相同，落在非黨員的手中，也妨害不了政府的生存和政策的推進。因爲，監察院提出的彈劾案，要送到司法院懲戒委員會懲戒，提出糾舉案，要送行政機關處理，糾正案則沒有很大的拘束力，審計權祇是查查帳而已，這些權，都沒有政治的殺傷力量，祇能督促和監視政府機關」。而如今政風還需要整肅，吏治還需要澄清，「需要監察院更努力批評，發掘弊端，因此，監察委員不宜太受執政黨的控制。假使全部監察委員都由執政黨以提名方法來選舉，那麼監委何能發揮批評、監視、糾正、糾舉、彈劾政府的功能？」執政黨對監委所持敏感及恐懼的心態，陶百川表示相當不解。他打個比方說，監委就像是原告而已，連檢察官的權力都沒有呢！

監委應維持間接選舉方式

陶百川主張監委應維持間接選舉的方式。由省市議員選出監委的好處是，這些監委等於增長了省市議會的臂膀，並且有相得益彰的效果。因爲「省市議員的權力很有限，他們祇有質詢權而沒有調查權，祇有告發權而沒有彈劾權，祇有申說權而沒有糾正權，而且權力行使的範圍，祇限於地方而不及於中央，所以他們爲選民服務的權力、範圍和效果都很有限。」「由省市議員選舉和罷免監察委員，不失爲一個補救辦法。祇要監察委員的人選適當，省市議員便可透過他們爲選民服務，做喉舌以申民意，做耳目以宣民隱，做守夜狗以防民賊，做清道夫以潔民路，做安全瓣以洩民憤，省市議員的功能因而更大了。」「就監察委員來說，他們也可以省市議會爲耳目，了解更多更深的民情、民隱和民需。而且因爲省市議會握有對監察委員的罷免權，有如唐僧控制孫行者的『緊箍咒』，監察委員便不敢過分怠惰、放肆或失職。比較『一盤散沙』的廣大選民，省市議員更能發揮咒語的威力。」「此外，這種安排，尚可增強中央民意機關對地方民意機關的責任，加強它們二者之間的紐帶和關係。」「不僅如此，省市議會通過的預算，依照現制，是由監察院特設省市審計處加以監督，它們通過的法規，省府執行是否恰當，也由監察院加以監察。省市議員有權選擧和罷免監察委員，便可『監察』他們（監察委員）認眞執行職務，不敢漠不關心。」

落實議員在議會的免責權

陶百川自稱是「醉心而且熱心於議會政治的很多有心人之一」，並且認爲「臺灣今天不患行政機關太強，而患民意機關太弱。所以必須加強民意機關，使它幫助行政機關澄淸吏治，提高效力」。

執政黨籍的議員面臨「黨意」的壓力時，應該做什麼樣的選擇呢？陶百川認爲「一個黨籍議員，在決定議案時，應該參考民意，訴諸良知，以及衡量國家整體的利益。如果經過這樣的自省，而仍無愧於心，他也不是沒有自由行動的權利。這是所謂道德的自由。」

陶百川認爲，議員在議會上的免責權應絕對的落實。民國六十九年司法院第一六五號確認：「地方議員在會議時，就有關會議事項所爲之言論，應受保障，對外不負責任，但就無關會議事項所爲顯然違法之言論，仍難免責。」陶百川認爲此「但書」「不獨與憲法精神矛盾，而且增加『但書』，乃是立法機關的職權，大法官會議不應代行」，所以他提案請它「重行解釋」，自行救濟。

立委任期不應延長

陶百川認爲，增額立委的任期應仍依照憲法第六十五條規定「三年一任」。因爲「延長立委任期，涉及修憲或修改臨時條款，均非易事」。而且「國會議員的質詢權重於審議權，這是世界各國國會的共同趨勢，因爲科技日趨進步，分工精細，制定法案或編列預算都愈來愈依賴行政部門的專才，立法部門居於『批准者』的地位，所以立法委員的代表性特別重要。」「現代社會的特性之一，是民意變動很快，立委任期如果改爲六年，等於六年才徵詢民意一次，似乎過長，還是三年較妥」。

對於刑求，陶百川深惡痛絕，早在民國四十九年三月，就曾在監察院提案，要求切實設法消滅刑求。令陶百川感到欣慰的是，現在刑求的問題比以前好多了。他覺得目前應該把注意力集中於警備總部約談人民的問題，以及偵查時選任辯護人的問題，如果這兩個問題能處理好，刑求必可杜絕。

陶百川曾表示「環顧國內，諾諾者比比皆是，而諤諤者則如鳳毛麟角，後者而且快將絕種」。由這句話可知此時此地諫諍之道的難行，值得政府及知識分子們深切檢討。「寧鳴而死，不默而生」。相信「陶百川精神」能使我們的政風更清明、更前進！

（原載《政治家》月刊時在民國七十年）

怎樣化解朝野認同僵局

外傳政黨審查委員會可能在二月二十四日開會決定，以臺獨黨綱違反人團法爲由，作成解散民進黨的處分。我以爲尚須考慮再考慮。

第一要考慮：如果民進黨換一個名稱例如「進步民主黨」去登記，政府能否不准？如須准許，則解散有何實益？如果根本不准，則紛擾必將更甚。

第二須考慮有無替代辦法。依法警告當然也可了案，但政府一部分「法家」將認爲處分太輕，不會接受。

我以爲今日報載王玉雲先生的想法可以一試，他說：「爲了緩和朝野緊張，民進黨可考慮修改黨綱，把臺獨列爲最終目標，就好像國民黨把統一中國列爲最後目標一樣，這樣做不就可以過關了嗎？」我建議就請王玉雲先生把他這個辦法去向雙方溝通一下。

於是民進黨就可以須向代表大會提案討論爲理由，要求政府再緩時日，以待代表大會作決定，而政府原定本月二十四日的攤牌時間也就可以順利展延了。

如果，民進黨作出接受那樣修正該黨綱以認同國家的誠意表示，政府同意人民有討論政治制度的自由，則受益者不僅是化解朝野僵局的消極作用而已。

八十一年二月十二日

五個指標與五條捷徑

蔣總統五月二十日就職典禮致詞所提五大施政指標，可以濃縮爲：一是全民團結，二是民族復興，三是安定進步，四是勇敢負責，五是法治道德。這五個指標非常重要而切合實際。但是怎樣使其易於實踐和實現？蔣總統原本已提示一些辦法，我想加以說明和補充如左：

——我們要以開誠布公達到全民團結；

——我們要以保臺統一達到民族復興；

——我們要以興利除弊達到安定進步；

——我們要以信心信任達到勇敢負責；

——我們要以民主平等達到法治道德。

請容我稍加說明：

第一、要全民團結，則開誠布公是最重要的。因爲蔣總統說：「『誠』是推進政治的原動力，『公』是施政作爲的水平儀，唯有『開誠心，布公道』，政府與民衆相互信任，才能同心同德、肝膽相照，產生衆志成城的力量。」這段話講得十分正確而感人。

但我覺得「公」比「誠」更重要。我用老子幾句話來說明：「天之道，其猶張弓乎？高者抑之，下者舉之；有餘者損之，不足者補之。天之道，損有餘而補不足。人之道則不然，損不足而奉有餘。孰能以有餘奉天下？惟有道者。」政治如果不公道，對於貧者弱者加以損抑，對富者強者反予以增補，那便無法做到全民團結了。

第二、要民族復興，首先須保住臺灣，但同時也不可放棄大陸。這就是以臺灣爲基地來統一國家，才能復興民族。

第三、要安定進步，必須「興利除弊」。但除弊比較困難，需要大魄力大擔當，所以不很容易。不幸現在正犯此病。

第四、目前政府勇敢負責的精神不夠。必須有信心，能信任，方能放大膽子，勇敢的負起責任來。例如，對反共復國如有勝利成功的信心，便能產生勇敢負責的精神。我全國軍民也應信任政府是以人民爲本，以國家爲先，但政府更要以實踐和成績取得全國軍民對這二者的信任。

第五、說到法治道德。法治和道德都是虛位，正如一個空杯子，可以放美酒，也可以放毒藥。如果法是惡法，則是在法治的杯子裏放了毒藥；如果法是公平、正義、民主、自由，那是在政治的杯子裏放了美酒。道德也是如此，道有君子小人，德也有吉有凶。因此我們須以「民主平等」兩個實物來充實法治和道德這兩個虛位，這是說，法治和道德都應符合民主平等的原則。

七三、五、三一

民意、戒嚴、統一、政治

——希望三中全會能夠面對四個關鍵課題

回國十幾天來，我曾經參加自立晚報和聯合月刊對三中全會建言的座談會，提出當前國是的四大課題，不獨希望三中全會能面對艱鉅加以討論和採納，也希望輿論界共同研究和推動，以滙成民意發揮大力，衆擎易舉。承自立晚報和聯合報摘要採登，但都不是全文，現加補充，送登民衆日報。

那時我正參加執政黨的三中全會，但我沒有提案權，乃把它作爲「書面意見」列入紀錄，彙送中央常會處理。

改造中央民意機關

最近一年多來，我國受了相當大的衝擊和損害，不可不力謀補救，我條陳四點淺見。

第一、充實和改造（先謀充實後加改造）中央民意機關，以恢宏憲政，促進民主。試擬辦法如下：

一、現在就規定三個中央民意機關成員的上限，例如立委定為三百名、監委定為七十名、國大代表定為四百名，以兩次選舉把它選足，以後卽以此為其上限。

二、立法院以三年為限，舉辦兩次增額選舉，國民大會和監察院以六年為限，也舉辦兩次增額選舉，選足我所建議的新名額。

三、資深委員和代表，仍與新選人員共同繼續行使職權。

以監察院為例，標準名額定為七十名，分兩次選舉，第一次卽為明年，先選三十五名。目前監察院增額及遴選的委員計有三十一名（原為三十二名，現有一名出缺），明年全部改選，另再增補四名，共計三十五名。至於另外三十五名，就須等三年以後再增選。這七十名當然都須定期改選。資深監察委員現在有卅八人，他們的平均年齡是八十四歲左右，若干年後，他們可能都已老去，那時所有的委員都是新選的了。

四、最重要的乃是選舉方法，與目前的選舉方法，應該稍有不同。我主張設立一種保障制度，由自由地區的選民，選出三個機關的委員和代表，並以保障名額產生代表大陸地區的國大代表和立監委員，但人數不得過多。

對於保障大陸籍人士當選立監委員的原則，我並不十分堅持，但對國民大會我要強調，一定要以保障名額，選出大陸地區的代表。因為立監兩院任務的對象限於自由地區，立的法，編的預算，所監察的政務，都僅適用於自由地區，而非大陸地區，因此他們可由自由地區人民來選出。但國大代表就不同了，因爲他們責在制憲、修憲、保護憲法以及選舉總統，可以說是法統所繫，我認爲必須保持全國性的面貌。而要想如此，必須有一個辦法，讓在自由地區的大陸籍人士，也能通過選舉成爲國民大會代表。

依我的構想，國大代表可分四類：第一類是自由地區代表，這是最重要的，第二類是婦女和職業團體代表，第三類是海外僑民代表，第四類是大陸地區代表。這第四類代表由自由地區的選民，就各同鄉會或各黨派所提的候選人，依保障名額來投票產生，但人數不得超過全部代表的三分之一，而自由地區的代表也佔三分之一，海外和婦女及職業團體代表，合佔三分之一。

妥籌辦法解除戒嚴

第二、善用戒嚴法，愼用戒嚴令，並在修改懲治叛亂條例第十條後，試行解除現已長達三十餘年的戒嚴，以尊重人權自由，美化政府形象。

如果發生叛亂或戰爭，政府可用一紙文書和幾個電話立即恢復戒嚴。因爲解除戒嚴後，如果發生戰爭或叛亂，依戒嚴法第三條，當地最高司令官或團長以上的部隊長可以宣告臨時戒嚴，並即呈報上級。如果叛亂擴大或情勢緊急，而有實施全國戒嚴的必要，總統可宣告全國戒嚴（戒嚴法第一條），而依戡亂時期臨時條款第一條的授權，他不再受憲法第三十九條所訂程序（須經立法院通過）的限制。（臨時條款第一條）凡此都不是十分輕而易舉麼！

但有一點必須預謀補救，就是解除戒嚴後，依據懲治叛亂條例第十條，軍事機關不得審判該條例的各項罪行，甚至內亂、外患、暴動各罪也都須由司法機關審判，這樣顯然不足以應戡亂的需要。

其實補救也很簡易，可以修改該第十條條文，以資因應。我建議修改條文如下：「第十條：犯本條例之罪者，軍人由軍事機關審判。非軍人犯本條例第七條之罪者，由司法機關審判，其在戡亂時期犯第二條、第三條、第四條、第五條或第六條之罪者，概由軍事機關審判之，但准被告上訴於最高法院。」

修正三不打勝統戰

這是說，內亂、外患、暴動或直接危害軍事等罪行，仍由軍事機關審判，但應仿照南韓和菲律賓兩國的辦法，被告得向最高法院提起上訴，以資救濟而昭公允。至於「以文字圖畫或演說為有利於叛徒之宣傳者」（第七條），則因沒有「立即和明顯的危險」，不妨改由法院審判，庶幾國家安全和人權自由可以兼顧。

第三、對中共統戰和中國統一的問題，我們現在採取的是「不接觸、不談判、不妥協」的「三不」政策。但這「三不」目前既不能有利於三民主義統一中國，也不能反制中共的統戰。我曾經建議一個「新三不」，就是「不恐懼、不廻避、不投降」。這是說，我們不可患「恐共症」，對中共的挑戰及其問題不必廻避，但也不可投降。

關於臺灣海峽兩邊的中國人現在如何和平相處，將來如何和平統一，我曾作原則的和方法的研究，以及短程或過渡階段的和長程或終端的規劃，現在尚未成熟，不能提出來請教於國人。但我們必須預作曲突徙薪之計，以免焦頭爛額之災，並能實現三民主義統一中國的理想。

關鍵乃在廉能政治

第四、也是最急迫的一點，就是貫徹廉能政治。這個道理很簡單，因爲「徒善不足以爲政，徒法不能以自行」，而「爲政在人」，所以「中興以人才爲本」。

蔣總統經國先生在做行政院長時曾大力推行廉能政治，收效很大，但政府年來所表現的能力頗不如前，以致鬧出一些笑話，而貪汚風氣也到「國家之敗、由官邪也、官之失德、寵賂彰也」。江南案、李亞頻案和十信案都是明徵。

補救之道，頗不簡單。日前與陳立夫先生談起這個問題，他指出顧亭林「與人書九」的那段話：「目擊世趨，方知治亂之關必在人心風俗，而所以轉移人心整頓風俗，則教化紀綱爲不可闕矣。百年必世養之而不足，一朝一夕敗之而有餘。」

誠如陳立公之言，顧亭林這些話直到今天尚可適用。但因限於篇幅，我不能加以發揮，希望政府當局特別重視「教化」和「紀綱」二義，雙管齊下，澈底實踐，可挽頹風。

急其所急六事建言

全會宏開，全民共仰。但我認爲人民所急切需求者，非爲侈談建設，非爲強調團結，亦非爲高唱反共，而爲左列六事：

一、平等急於自由：自由、平等與博愛，同爲政治之理想，亦爲革命之動力。但今日則須以平等來表現博愛，培養自由。蓋人民如能在政治上有參與及主導之平等機會，在經濟上有發展及享受之平等機會，則不平之氣與不均之感卽可減少，團結便能鞏固。針對政治之不平等，選舉必須恢復。針對經濟之不平等，公營事業之比重尙應增加，以使利潤歸於全民。

二、送炭急於添花：年來錦上添花之事做得太多，而雪中送炭則尙不夠。例如到處大興土木，而因教室缺乏，尙有甚多學童不能全日上課。私人汽車豪華而充斥，但公共汽車則陳舊而缺少。其他一切不急之務，包括若干機構、人員及建設，亦有屬於錦上添花者，在此通貨膨脹時局艱危之際，皆非所宜。

三、生產急於服務：經濟建設之性質，不出兩大類：一爲生產性的，例如工業、農業及漁業；一爲服務性的，例如銀行、商業及交通。吾國多年來則似偏愛服務性者，尤其是交通，故將大量資金投入交通建設。貨暢其流固甚重要，但如生產不足，則貨物缺乏，交通縱暢，亦無用武之地矣。至其他服務設施，亦當可省則省，以其資源用於生產。

四、大炮急於牛油：大炮係指精良武器及國防，牛油係指精美食物及享受。年來吾國偏愛「牛油」，提高生活享受，而忽略「大炮」，國防不夠充實。現在面臨生死關頭，更須痛下決心，收緊褲帶，以增強國防力量爲第一急務。

五、除弊急於興利：許多經濟建設陸續發現毛病。例如鐵路電氣化，因有高速公路而原非十分必要，乃報載本以爲四十億元即可完成者，現在竟需二百四十億元，而猶未如理想。其中顯有弊病。又如行政院昨日公佈懲治貪汚給獎辦法，甚善甚佩！但若干重大貪汚案則高擱很久，人犯逍遙，何能取信於人。

六、諤諤急於諾諾：古諺有曰：「千人之諾諾，不如一士之諤諤」。因「兼聽則明，偏聽則暗」，經過正反意見之檢證與辯論，事實方能盡明，設計方能週密。所以吾國古代朝廷處理大事，於宰相外必須兼聽言官（御史及諫議大人）之意見，並向民間不斷求言。現代民主國家則更有國會、反對黨及獨立輿論對政策及政績作負責之監察及批評。但環觀今日國中，有言責者閉口不言，甚或諾諾連聲，至反對黨及獨立輿論則更似鏡花水月，有名無實。此政治之所以不易進步也。

六八、一二、八

增訂臨時條款保障法統和自由

為了保障國家的法統和人民的自由，我主張修訂臨時條款。也唯有在這兩種動機和意義之下，臨時條款的修訂才有重大意義。

遴選大陸海外代表

所謂法統，就是憲法的統治，所以維護法統，必須維護現有的中華民國憲法。由誰來維護呢？當然是全國人民的責任，但是，關鍵則在國民大會及其代表。因為國民大會是制憲機關，可以修改憲法，可以複決立法院所提出的憲法修正案，所以我們只要把守好國民大會這一關，法統就能持續。所以，現行憲法的維持，也就是法統的維持，與國民大會代表關係非常重大。

現在的資深國大代表，他們參與制憲，對這部憲法必然相當滿意和愛護，而且他們是由全國人民所選舉，具有充分的代表性。可是人的壽命有限，他們不能行使職權的時候，那麼換一批人來，他們僅是自由地區人民所選舉，代表性便不夠周延。

為了維護憲法和法統，我主張遴選大陸地區的代表以接替目前維護憲法的老成人。這有點像英國的制度。英國是有名的民主國家，但是它的國會上院和下院代表產生的方法完全不同。下院是全部民選，上院全部不民選，上院九百多個議員全部是英皇所遴選的。上院的職權有限，與下院比相去甚遠，但是仍擁有一部份力量，來維持英國的民主制度，因此，遴選上院議員，並不損害其民主精神。如果照英國的制度，我國為維持國民大會的全面代表性以維護憲法和法統來遴選國民大會大陸應有的代表，在理論上和實際上都說得通。

遴選須經同意程序

現在的問題是：由誰來遴選？現行臨時條款只規定海外立法委員和監察委員的遴選，國民大會代表不得遴選。今後如要建立國大代表的遴選制度，這就需要修改臨時條款第六條，讓國大代表也可遴選。

但是國大代表選舉總統，總統派了一部份人來選自己，在理論上有點利害衝突。所以將來的遴選辦法一定要訂得非常民主，要求總統組織一個基礎廣大的委員會，總統在提名大陸和海外國大代表之前，應先諮詢該委員會，如果認為名單妥帖，方由總統遴選公佈。

但立、監兩院與法統無關。立法院雖然可提憲法修正案，但沒有決定權，而立、監兩院所職掌的都是治權。立法院所訂的法律，所通過的預算，其行使的對象完全在自由地區，與海外沒有一點關係，與大陸地區的人也一點關係都沒有。因此，我主張將來應由自由地區的人民投票選出全部立委、監委。希望大家都接受這種妥協辦法。

授權法院保護自由

接着關於如何維護自由。我國憲法對自由的照顧非常週到，所有的自由都規定在憲法條文裏面了。我特別重視憲法第十一條，就是人民有言論、講學、著作和出版的自由。在多種自由中，我特別重視這一點。自由當然也可以限制，但是對限制自由的權力也應該設有限制，我建議以在臨時條款中增加：「對於憲法第十一條保障之言論、出版、講學或著作，非由法院依法定程序，不得取締或處罰」。言論自由的取締，一定要透過法院來做。例如，要停止一本雜誌的發行，主管機關應該向法院提出訴訟，由法院來判決，這是世界各國的通例。但我們則由行政機關依據出版法甚至由軍事機關根據戒嚴法來管制。別的管制尚可容忍，言論自由關係政治良窳，國家命脈，應該由法院處理，使其獲得較好的保障。

最後談到人身自由。人身自由，憲法有兩項保障。第八條說：人身自由應該保障，人民非由法院依法定程序，不得審判處罰。人民可以要求提審，且必須在廿四小時以內送法院審判。第九條關係也很大，它規定，人民除現役軍人外不受軍事審判。但憲法第三十九條也規定國家可以戒嚴，而戒嚴法規定許多罪行都可由軍事機關審判，這就牴觸了憲法第九條的規定，對人民人身自由有很大的威脅。我國在現階段實施戒嚴，可能是無可奈何。但妨害人身自由的顧慮，應想辦法救濟。我建議增加一條臨時條款：「人民除現役軍人外，不受軍事審判，其在戒嚴時期依戒嚴法被軍事機關判決有罪者，得向最高法院上訴」。這項辦法，韓國和菲律賓都已實施，韓國的金大中和菲律賓的阿奎諾都由軍法機關判處死刑，而上訴到最高法院獲得減刑和保釋。如果政府能採用這個辦法，戒嚴的流弊，就可因而減少，對國家和人民都有好處。

七十三年

這是什麼時代？需要何等人物？

——對新內閣的新希望

我們面臨一個挑戰的時代，它是一個震撼的時代，也是一個危疑的時代，而且是生死存亡的關頭。

因爲在這時代，經濟轉型，社會多元，政治複雜，外交動盪，物慾橫流，政府已感應付不易，解決困難。

尤其臺灣海峽兩岸的統一和中共的統戰勢必直撲緊追，不容我們再以「三不」（不接觸、不談判、不妥協）「三拒」（不通郵、不通商、不通航），以免戰退敵。

所幸蔣總統健康有進步，尚能繼續領導，人民對政府仍有信心，對中共仍有惡感，民心可恃，士氣可用。但是時不我待，繼起需人。於是我們不得不對新內閣寄以厚望。

回憶六年前蔣總統首次當選時，我曾在「先生之風和政治之家」一文中引用孔子的話，指出：行政院長必須是：

「聰明睿智，足以有臨（事的才智）也；
「寬裕溫柔（的度量），足以有容也；
「發強剛毅（的精神），足以有執（持）也；
「齊莊中正（的儀態），足以有敬也；
「文理密察（的學識），足以有別也。」

但是現在形勢大變，來日維艱，內閣的重擔已經不是「好好先生」型的人物所能勝任，於是我要補充另外五種要素，正好合成「十全十美」。其詞如下：

年富力強，足以有任也；
高瞻遠矚，足以有識也；
識時務實，足以有適也；
創機造勢，足以有爲也；
開誠布公，足以有信也。

具備這標條件的人，一時實在難求。但是孟子說得好：「有七年之病，求三年之艾，苟爲不蓄，終身不得」。卽速圖之，猶未爲晚。好自爲之！企予望之！

（七三、四、二三）

守經尚須達權，五事應能改善

我近來迭與各界智識分子研討國是，很多人覺得政府在處理重大問題時常受舊思想或老作風的拘束，反應不夠快，方法不夠新，有時且因顧慮太多而束手，復因過於保守而落後。

我今天提供「守經達權」這一原則，請對五事加以改進！

一、政治禁忌必須減少，以更新耳目，加強團結，而運用「守經達權」，則減少禁忌，不獨無害，反可受益。

二、對付中共的統戰和冷戰，必須本守經達權之旨，重訂謀略，以策安全而利統一。

三、議會政治和政黨政治，乃是民主政治的靈魂，也是國家和政府的光采，尙須本守經達權之旨，作進一步的推動和輔導。

四、言論自由是自由民主的關鍵，現行管制辦法離經背道，必須本守經達權之旨，改絃易轍，加強保障。

五、「中興以人才爲本」，各級領導人尤須生生不息，時時備用，亟宜本守經達權之旨，多方物色，加速培養。

（七一、九、一〇）

索忍尼辛被誤解了

——略論「普通的民主」、自由和「絕對的放任」

民國六十三年索忍尼辛被蘇聯放逐出來後，曾在瑞士住過一段時間，那時我適在瑞士作客，有機會多知道他的一些言行，並曾寫了一篇「就索案看正氣、戾氣和義氣」。「正氣」是指他爲人權自由而反共，「戾氣」是指蘇聯對他的迫害，「義氣」是指世界輿論對他的聲援。吳三連先生文藝基金會邀請他來訪問臺灣，也是義氣的表現。我那時尚在美國，不能躬與其盛，但回臺灣後，大家尚在議論紛紛。有人認爲他反對自由民主而頗感失望，有人卻認爲他反對自由民主而大感興奮。其實他們都有一點誤解。最近因爲答覆友人的信，我把索忍尼辛在臺講辭細看一遍，深信他並不反對自由民主，而且是很珍視自由民主的。

索忍尼辛固然狠狠的批評了自由民主的西方世界不該出賣「戰是盟友蔣介石」總統，但他卻沒有說自由民主要不得或不可要。正好相反，他痛惜和責備西方世界沒有盡到保護自由民主的責任。請看他說：「至於西方世界若干世紀以來，早已熟知自由的眞諦，可是由於長久以來生活在幸福安樂之中，他們爲自由所付出的，有愈來愈少的傾向。西方人一向珍視自己國家的體制（自由、民主），但是爲保衛這一體制挺身而出的人愈來愈少了。西方保衛自己的能力正一個年代不如一個年代地衰退、喪失中。」（本文作者註：索講譯文有這括弧和夾註——自由、民主）

因此，我不難推測，如果我們說臺灣不需要自由民主，「沒有盡到保護自由民主的責任」，甚至像有些人那樣把「自由民主人士」看成「共匪」「台獨」一樣而視爲臺灣的「三大敵人」，則索忍尼辛必將像痛惜和責備西方世界那樣的對我們痛惜和責備了。

但是索氏的確痛恨「絕對的放任」，那個所謂「跡近背叛國家和任意破壞國家的權利」。幸而他指出，臺灣大家「都能有理性的節制」，沒有要求「廣泛的民主」，也不准「絕對的放任」。所以我們對於自由民主不必過份敏感和畏懼，以致「相驚以伯有」，從而對「普通的民主」和自由也加以不必要的限制或排斥。因爲自由民主究竟仍是我們立國的大本和大法以及反共的目標和利器啊！

請定明年爲「節儉年」

今晨報載，蔣總統昨天在財經會報指示政府和民間都要儘量節省，移用節省的財力用於民生和國防建設。這一指示非常重要。鑒於今年的「自強年」快將結束，我建議把明年定爲「節儉年」。

蔣總統的指示，本來是「勤」「儉」連用，似應定爲「勤儉年」。但我以爲我們的政府和同胞一向都很勤勞，不必再加強調，而節儉則亟須提倡和實踐。而且勤和儉是兩事，而節儉則是一事。我們應該急其所急，並集中全力以赴之，不要急其所緩，也不可分散目標。所以我建議用「節儉年」較好於「勤儉年」。

而且節儉已成爲一個現成的名詞和傳統的美德。淮南子主術訓：「於是堯乃身服節儉之行，而明相愛之仁。」此外如「節食」、「節飲」、「節欲」、「節流」都是耳熟能詳，但未必能身體力行，都有強調的必要。

我建議政府應卽聘請一向節省儉樸的各界領袖人物，組織一個節儉年推行委員會，由謝副總統擔任召集人，於本月內制定節儉年推行辦法，呈請總統核定宣佈，以後卽由該委員會繼續推行。

節儉對象舉例如下：

一、能源節約。政府雖在號召，但都不夠切實，甚至較之歐美富有國家猶不逮遠甚。

二、外滙節約。我今年出國考察一百天，僅准結滙一千五百美元，而到歐美去觀光的一個旅客卻可一次結滙六千多美元。像這樣浪費外滙的情形，猶不勝枚舉，眞所謂「取之盡錙銖，而用之如泥沙」，以我國的窮困，將來如何得了！

此外，很多公共建築，機關員額，官樣排場，至起居飲食，無一沒有大力節省的餘地。而且奢侈和浪費不獨損耗物質，而尤足以損害風俗習慣和民心士氣。言念及此，不勝惶悚！

（六九、一二、三）

生存權和財產權的位次問題

距今五十餘年前，陸京士委員和我等四五人在上海發起組織中國勞動協會。陸是勞工運動的領袖，我是勞工法的研究者（那年我曾出版「中國勞動法的理論與實務」一書）。

那時上海產業開始現代化，勞資衝突逐漸嚴重。我們所訂調和勞資問題的處理原則是「站在發展實業的立場輔助勞工；站在輔助勞工的立場發展實業。」換言之，國家不得為發展實業而損害勞工，當然也不得為輔助勞工而損害實業，兩者必須兼顧和平衡。

但是這個原則應用起來，頗感困難。我則一向不免同情弱者，左袒勞工。因我相信，勞資糾紛發生時，在資方是賺錢多少的問題，但在勞方則是能否生活下去的問題。我樂見資方發財，但我更不忍見勞工挨餓。

以這樣的原則去判斷工資受償權與財產抵押權的優先問題，我主張工資應先於抵押債權受清償。換言之，就是工資受償權的位次應列在抵押權之前，而不是像行政院四月二十八日院會在討論勞動基準法草案時所決定把抵押權列在工資清償權之前。

限於篇幅，長篇大論容俟他日，今天我祇想引用海商法作爲論據。該法第二十四條第一項：「左列債權有優先受償之權……二、船長海員及其他服務船舶人員，本於僱傭契約所生之債權，（註：積欠工資之受償權），其期間未滿一年者。」又第二項更明文指出：「前項第一款至第五款所列優先權之位次在船舶抵押權之前」。

最高法院更從而以五十五年臺上字第一六四八號判例予以肯定和說明，原文要旨如下：「海商法第二十四條第一項第二款所定有優先受償之債權爲『船長船員及其他服務船舶人員本於僱傭契約所生之債權其期間未滿一年者』，係指服務人員本於僱傭而生最近未滿一年之薪資債權而言。該款規定。旨在保障海員之生活。僱傭契約無論是否定有期限，均有其適用。同條第二項更規定：該項債權所列優先權之位次在船舶抵押權之前，卽其效力較抵押權爲強。債權人自得不依破產程序優先抵押權而行使權利。」

依這法例，我呼籲立法院修改勞動基準法草案第二十八條，增列一項，作爲第二項，全條文字如下：「因雇主歇業淸算或宣告破產，本於勞動契約所積欠之工資未滿六個月者，有最優先受償之權。前項優先權之位次在抵押權之前。」如此，積欠未滿六個月的工資，便能先於抵押權而受償了。

勞動基準法草案因經濟部和行政院的過慮復過慮而拖得很多勞工的鬍子已白，望眼已穿了，請不要再在怪可憐的積欠工資上玩弄什麼「花拳繡腿」了！

三化不難而竟未能化解

在最近一次簡報中，我聽說中共正在發動對臺灣的四化陰謀，包括：

一、醜化文宣人員，

二、惡化情治人員，

三、腐化公務人員，

四、美化軍隊。(未見原文，可能有出入)。

這個陰謀很惡毒，但並非無可救藥。現在略陳管見：

一、文宣人員的毛病還不很大，醜化不易。但有兩點亟須改進：

第一、違法言論(文字)自須取締，但依法都是事後懲罰。我建議尚須力謀事先溝通和合作。例如主管機關應與刊物和書籍的出版商取得諒解，能有事先發覺違法記載的機會而商請修改，修改之後卽准發行。但以我所知，一本被扣押和禁止的書刊，違法之處可能祇有一節或數節，則乃取締的對象自當以此爲限，不得罪及全書，現行辦法則一有違法的記載，卽使爲數很少，而且可以修改，但也須全書沒收，不准修改發還。如此「霸道」，如何能使人對他們不生醜惡之感！

第二，報載情治機關在對國建會出席人士的簡報中公然以書面播出，將自由民主分子與匪諜和臺獨共同列爲國家的三大敵人。這種幼稚惡劣的宣傳，無需中共醜化，本身已醜陋之至了。

我曾以此面詢軍事機關首長，他卻否認。但願如此！

第三，腐化最可怕。它的現象，包括貪污、賄選和浪費，而以貪污的破壞作用爲害最烈，有如古言：「國家之敗，由官邪也。官之失德，寵賂彰也。」現在賄賂公行，已到很「彰」的程度，但國家卻未能嚴加制裁。試舉一例。

本月十二日高雄一家報紙報導，中國石油公司水運課課長利用環島租船機會，自六十五年起向三家船公司索取回扣一千八百餘萬元。案發判刑十五年。這案有三點很可注意：

一、貪污數目多達一千八百餘萬元，行賄公司多達三家，時間長達四年或五年，而中油公司當局卻一無所知，足徵它內部腐敗，而且極可能是集體貪污，而僅以一人抵罪。

二、由於賄案標的很大，時間很長，情節很嚴重，人犯的惡性很重大，而僅處以十五年徒刑，但那搶奪數千元的青年卻被處死刑。如果後者是爲殺一儆百，則前者豈非是在寬一獎百麼！

三、臺北六大報紙沒有一家登載該案新聞。是痲木不仁麼？還是受人請託而掩人耳目麼？

我們這樣的處理貪污案，不待敵人來加害，我們早已自動腐化，而且也自動醜化得不成樣子了。

以上三點，政府當局還可不問不究麼！

（七〇、八、一八）

處理拘留案如何兼顧法治和治安

日前司法院大法官會議通過釋字第一六六號解釋，確認：「…爲加強人民身體自由之保障，違警罰法有關拘留、罰役由警察官署裁決之規定，應迅改由法院依法定程序爲之，以符憲法第八條第一項之本旨。」這是說，警察官署沒有拘留人民的權力，如再拘留，便是違憲。所以我主張，行政院應卽通令警察官署以後不得將違警人裁處拘留；該官署如果認爲應予拘留，應將該案送請法院處理，這樣才不違憲。

於是發生一個嚴重的問題，就是法院在沒有設置治安法庭前，是否有充份的人力來處理拘留案件。但是據我查詢，絕無困難。去年臺灣省違警處罰案件總計雖有十一萬五千五百件，但裁處拘留的祇有二萬一千五百零六件，平均每月僅一千七百九十二件，而全省共有十五個地方法院，平均每一法院每月僅須處理十三件，一位法官就能勝任。

可是治安法庭及有關法律仍有必要。但也有過渡的補救辦法，就是在設立治安法庭前，警察官署根本不必把違警案件移送法院。因爲依照違警罰法，違警行爲祇有二十三種，其中六種專科罰鍰，不得拘留，十七種可處拘留或罰鍰，但沒有須專科拘留。所以在沒有替代違警罰法的新法以前，警察官署不必裁處拘留，（當然也不必送交法院處以拘留），一律裁處罰鍰。好在裁處拘留依法也不能超過七天，合於加重條件的也不得超過十四天，足見案件都很輕微，不予拘留對治安也沒有妨害。（至於情節嚴重的，當然應照刑事訴訟法移送法院依刑法科罪。）這樣就可保持大法官解釋的尊嚴和憲政法治的常軌，同時對治安也仍能兼籌並顧，實在是兩全其美。所以我建議政府從速採行。

（六九、一一、一九）

懲暴典刑還不夠重麼！

報載省政府一位首長在省議會透露，行政院已指示法務部和內政部研究制訂「懲治暴力案件特別法」。(十月二十九日聯合報)

暴力案件究何所指？他似指竊盜和強暴。(同日中國時報)。(政治性的暴力案件，因已有他法，自不在內)。

他又說：製造凶器(武士刀和扁鑽等)的人，似應納入該特別法嚴辦。(同前)

他並將建議中央把強姦或輪暴罪也納入該特別法。

理由是現行處罰辦法不夠嚴峻。而「對少數壞人仁慈卽等於對大多數善良民衆殘酷」。(同前)

我贊成暴力案件應該嚴辦，但現行懲治辦法眞的不夠嚴峻麼？

以對付強盜來說，現行懲治盜匪條例第一條規定：強盜而殺人或重傷人者，處死刑，強盜而放火者，處死刑，強盜而強姦者，處死刑，擄人勒贖者，處死刑。普通強盜罪，也可處無期徒刑。（第五條）然則特別法將怎樣求其更嚴峻呢？

以製造武士刀或扁鑽的人來說，如果他們都須納入特別法，那麼同樣可以殺人的牛刀或柴刀，是否也將以特別法去懲治製造者呢？

至於強姦或輪暴，依刑法第二百二十一條和第二百二十二條，可處五年以上或七年以上的有期徒刑，從而殺人者處死刑，姦淫未滿十四歲女子者，以強姦論罪。如果這樣還不夠，政府將怎樣解釋以徵收許可年費保護那些強迫可憐婦女公然賣淫的妓院、茶室、咖啡館或舞廳及其嫖客呢？而且最近決定夜總會又將以多納年費而准新設了。

綜上所述，懲治暴力案件，我國已有特別法，而且有重刑，如果收效不宏，則再訂特別的特別法，也未必有效，而須另找原因和另想辦法。

此外，有人或在想以特別法將暴力案件劃歸軍法審判。但這將置法院於何地！而且軍事審判可殺人，法院何嘗不可殺人！最近法院不是在大開殺戒麼！

我國現正強調塑造國家新形像，則在文明世界普遍廢除死刑時，我國可再給人以「嗜殺」的印象麼！

六九、一一、二

遏制賣淫不可火上加油

報載行政院決定即將准許重要都市、港口和觀光地區增設特種營業並減少許可年費，以期打擊地下色情營業。

這是說，現在賣淫場所還不夠多，賣淫價碼還不夠低，還不足以應淫棍的需要，故須政府大力提倡和擴充。但政府爲什麼也不替精神文明想一想呢！

這也是說：賣淫是有罪的，但花錢就無罪了，官員包庇賣淫是罪加一等的，但政府徵收許可年費後就須命令官員去保護，於是該項刑法就成爲具文了。

這也是說，政府「寓禁於徵」的政策已經失敗，但尚說不必擔心，只要一不做二不休，索性大開方便之門，來一個以毒攻毒，便能鬪倒地下營業。但我以爲這是火上加油。

（七三、三、四）

政府應即退出色情營業

政府當局最近正爲臺灣各地的色情泛濫而傷腦筋，苦於沒有適當的對策，但對「寓禁於徵」的那個早已「破產」的「色情政策」卻仍戀戀不捨，有人甚至主張放寬，爲賣淫業和嫖客大開方便之門，俾在政府保護之下與地下營業、私娼和流氓鬪個明白。

按那個所謂「色情政策」，是指現行特種營業管理辦法，把夜總會、跳舞廳、酒吧、娼寮、咖啡館、酒家和茶室及其女服務生列爲特種營業，向警察機關登記，每家每年繳納鉅額許可年費，從數萬元到數千萬元，以期「寓禁於徵」。

但是如此一來，賣淫本來是犯罪的，這樣就不犯罪了。姦淫本來是犯法的，這樣就不犯法了。公務員包庇色情營業，本來是要加重處罰的，這樣就不處罰了。此中關鍵只有一個，就是政府收取了色情營業人的錢財！

可是這是塗滿少女血淚的錢財！政府既然有的是財，何必再取這點骯髒之財而陷自身於違法犯法呢！

政府的動機是善良的，它是想「寓禁於徵」。可是現在應該覺察它已破產了。它不獨無效，而且正如抱薪救火。因爲政府「示範」，流氓跟進，上行下效，風起雲踴，此乃理所當然，勢所必至。

對於各方建議的一些善後辦法，例如設置專區加強管理，或放鬆管理抵制黑市，我現在還不能貢獻什麼意見。但想強調一點：政府應該退出色情營業，不再收取許可年費，以正己正人，自愛愛人！

七二、四、二八

戒嚴解除問題

解除戒嚴的善後辦法

臺灣戒嚴目前縱有必要，但是如果有替代戒嚴以保障國家安全的方法，戒嚴大可解除，庶幾對內可以增強人民的自由和權利，減少被攻訐的藉口，對外可以美化國家的形象。試就幾個問題提供善後意見：

一、問：解除戒嚴後如果發生戰爭或叛亂，政府如何對付？

答：當地最高司令官或團長以上的部隊長可以宣告臨時戒嚴，並即呈報上級，這項程序簡單易行。（戒嚴法第三條）

如果叛亂擴大或情勢緊急而有實施全國戒嚴的必要，總統可宣告全國戒嚴（戒嚴法第一條），而且依據戡亂時期臨時條款不受憲法第三十九條或第四十三條所訂程序（須經立法院通過）的限制。（臨時條款第一條）

二、問：解除戒嚴後，依據懲治叛亂條例第十條，軍事機關不得審判觸犯該條例的各項罪行，甚至內亂外患暴動各罪也都須由司法機關審判，這樣是否足應戡亂的需要？

答：只須修改該第十條條文，便保無慮。我建議修改文字如下：

「第十條：犯本條例之罪者，軍人由軍事機關審判。非軍人犯本條例第七條之罪者，由司法機關審判，其在戡亂時期犯第二條、第三條、第四條、第五條或第六條之罪者，概由軍事機關審判之，但准被告上訴於最高法院。」

這是說，非軍人犯內亂、外患、暴動或直接危害軍事等罪行，仍由軍事機關審判，但應仿照南韓和非律賓兩國的辦法，被告得向最高法院提起上訴，以資救濟而昭公允。這是我要建議修正的第一點。其次，至於第七條「以文字圖畫或演說爲有利於叛徒之宣傳者」，則因沒有「立即和明顯的危險」，非軍人觸犯時不妨改由法院審判，並須將「有」字改爲「圖」字。

三、問：解除戒嚴後政府是否尚有禁止或限制罷市、罷工的權力？（戒嚴法第十一條第三款）

答：可依國家總動員法第十四條予以禁止。但須改由警察機關和法院辦理。

四、問：解除戒嚴後，政府是否尚有禁止新辦報紙或限制言論、出版、著作、通訊、集會、結社之權？（戒嚴法第十一條第一款）

答：可依國家總動員法第二十二條和第二十三條予以限制。但須由文職機關和法院管轄。

五、問：解除戒嚴後，戒嚴法第十一條的取締事項，軍事機關是否尚有執行之權？

答：在戡亂時期，可由臺灣警備總司令部依據現行法規繼續執行。（參考臺灣警備總司令部警備法規彙編）

七一、四、九

戒嚴問題如何不再被「炒熱」

——速救燃眉之急並圖一勞永逸

吾國應否戒嚴或解嚴的這一敏感問題，經過近幾年來熾烈的爭論，本來已經慢慢地冷卻下去，可是十餘日前卻因美國衆議院亞太小組委員會的討論和表決而又被「炒熱」了。該小組決議的主文是這樣的：「衆院玆決議（參院同意），國會認爲如果臺灣當局能繼續並加速朝着全面的民主制度進步，尤其若能停止戒嚴法以及其他緊急條款，釋放政治犯，以保障並維護在臺灣全民的權利，實最所盼望！」該決議案的主要目的，就在解除戒嚴。

該案不僅那樣一炒而已，它勢將由小組提到衆議院外交委員會討論，如經通過，還要呈報院會處理。於是衆口鑠金，積譭毀骨，我國將會受害深重。

這非危言聳聽，該案的影響恐尚不止此。因爲美國國會是兩院制，衆議院外尚有參議院，同一議案必須兩院一致通過，方算完成立法程序，所以參議院極可能將如法炮製。

該案當然不是法律案，而只在表示國會的公意，對美國和我國政府都沒有拘束力，但是我國的顏面自必爲它塗黑和灼傷，馴致妨害美國朝野對我們的關切和支援。

然則怎樣使美國不把戒嚴問題再炒下去呢？對策不外兩個：一是動員一切力量，在衆議院外交委員會把該案打消；二是反求諸己，解除戒嚴。

回憶我國政府曾經邀請該小組主席也是該案主要負責人索拉茲議員訪問臺北，收效頗大。不獨他個人對我們的民主政治因而了解較多，態度較好，批評也較公正，而且該小組這次決議文的措辭也較溫和，可見事在人爲。

但這究竟太艱辛了。因爲衆議員多達四百餘人，而且兩年改選一次，「江山代有人才出」，我們顧此失彼，防不勝防。

尤其因爲我們所接受並加以維護的臺灣關係法第二條規定：「(C)本法律的任何條款不得違反美國對人權的關切，尤其是對於臺灣地區一千八百萬居民人權的關切。茲特重申：維護及促進所有臺灣人民的人權是美國的目標。」

該法並授權「(A)衆院外交委員會、參院外交委員會及國會其他適當的委員會監督——本法案各條款的執行。」（第十四條）所以美國國會及其議員關切臺灣戒嚴問題並對我們加以批評乃是職責所在，勢所必行，我們無法根本制止。

於是就得乞靈於第二個對策——解除戒嚴了。這將是一個痛苦的決定，但是仔細研究，實在也沒有什麼大不了。因爲它雖牽涉到一些問題和困難，但它們都應有適當的對策。試加析論。

（中略，請參看「解除戒嚴的善後辦法」）

由此觀之，解除戒嚴，對社會安定和國家安全，並無損害，對自由民主雖稍有裨益，但並不像一般人預期之大，可是對國家形象、人民好感和政府光采，卻有很大的正面影響，所以值得我們努力爲之，不獨以濟「炒熱」的燃眉之急，且作抽薪熄火的根本之圖。

七三、六、一七

解除戒嚴不要弄巧成拙

回國後聽說政府將訂國家安全法以代替戒嚴法，從而解除戒嚴。我想政府如認爲國家尙須戒嚴，則所謂國家安全法自必換湯不換藥，那將是解嚴其名，戒嚴其實，則「不誠無物」，何能使人滿意，反而暴露「作僞」和「弄巧」，更將使人失望和被人輕視。波蘭名爲解嚴，而實則修舊法和訂新法把戒嚴事項多半納入新法之中而爲變相之戒嚴，所以對內不能促進團結，對外不能獲得好評，它可作爲我國前車之鑑。

但解嚴實在是好事，也會有好的影響和結果，但不可另訂變相的新法；如果眞有以新法補救之必要，也須俟將來確有必要時爲之，目前則即使解嚴也必不致招致危險，故無畫蛇添足的必要。

七二、一二、一九

波蘭怎樣解除戒嚴

波蘭長達兩年多的戒嚴，終於全面解除了。它是爲保障國家安全而戒嚴的，是否現在安全已有保障呢？是的，它作了一些善後措施以爲保障。

一、它修改了憲法，授予政府緊急命令權。如遇內憂外患，政府可以宣佈緊急狀態，便宜行事，而不用戒嚴名義。

二、修改或新訂了法律，人民不得參加非法組織，違者得處三年以下徒刑。從事國防工業、礦業或鋼廠的工人，非得許可不得離職，必要時並須增加工作時間。

三、由文職機關繼續管制出版品，但到一九八五年年底爲止。

此外，最爲世人所重視者乃是大赦政治犯。辦法：三年以下徒刑者全部赦免，超過三年者刑期減半，被通緝者投案免刑，但在逃的團結工聯地下領袖七人不在赦免之列。

波蘭國內外一般反應似不很好，因爲他們認爲乃是新瓶裝舊酒，但也有人認爲聊勝於無。

一九八四年

南非戒嚴可供鑑誡

南非共和國爲了維持治安，於本月二十日宣告戒嚴。但黑人的遊行示威仍難遏制，一星期來政府已逮捕了千餘人，槍殺了十餘人，引起歐美各國的公憤。

南非戒嚴法令規定：

一、戒嚴部隊可以不用法院拘票逮捕人民，並可把他拘禁兩星期，不加審判，也不准家人或律師接見。（按：一九八六年的新法，規定拘禁人民的期間，延長爲半年了。）

二、觸犯戒嚴法者可被判處十年以下有期徒刑或一萬元以下罰金。

三、實施新聞檢查。

四、有權關閉公私場所或工商業。

但以上各案俱由法院審判，不以軍法從事。

在民主國家看來，這樣的戒嚴已足危害人權，而且不能解決種族糾紛，所以沒有實施必要，從而紛紛反對。這對我國能夠發生一點鑑誡作用麼？

首先，法國向聯合國安理會提議對南非予以經濟制裁，包括一、不再投資，二、不購買金幣，三、不作輸出保證，四、不訂核子合約，五、不出售軍用電腦。表決結果：以十三票對零票通過上項制裁辦法，但英美棄權。

美國國會兩院本已通過對南非的經濟制裁法案，但有些差歧尚待協調。雷根則主張採取「建設性措施」包括勸告和抗議，而反對經濟制裁。但他昨日予以公開譴責，並拒絕南非新任大使赴美履新，要求南非政府終止戒嚴，並與黑人展開談判，改善種族隔離政策。

面對世界公憤，南非政府看來非對黑人讓步不可了。

七四、七、二九

國家統一問題

評中共威脅武力攻臺

名政論家陶百川加州答問

陸鏗

編者按：中共社會科學院美國問題研究所所長李愼之先生和資中筠女士最近在大西洋委員會關於臺灣前途討論會上，發表了爆炸性的論文，透露出中共對臺灣的態度是，和道不通，卽將用武；引起各方面的注意。本刊主編爲此專誠由紐約飛舊金山訪問名滿臺灣之政論家陶百川先生，請他就李、資之文，發表評論。陶百川先生曾長期擔任監察委員，守正不阿，臺灣老百姓對之有「陶青天」之稱。而其爲國是向當局建言，更有一士諤諤之風，結果竟遭臺灣警總發動圍剿，而百川先生不過一笑置之。因此，我們說，他是最有資格評斷中共對臺灣政策的權威人士。

下面「問」代表陸鏗，「答」代表陶百川。

問：中共美國研究所所長李愼之先生和資中筠女士最近聯名在美國大西洋委員會關於臺灣前途討論會中發表了爆炸性的論文，威脅說和道不通，卽用武力。對於此一論文您有什麼看法？

答：你說那是「爆炸性的論文」，一點不差，我已聞到了火藥氣味。最近中共一位領導人對新聞記者談到統一問題時，口氣也與前不同，他們似乎「有點着急」了。但是這麼大的問題，歷史悠久，怨憤深重，而且事關臺灣海峽兩岸人民的利害禍福，豈可輕舉妄動，所以着急不得。可是我沒有看到李、資兩位的論文，我所看的祇是貴報一篇摘要，在我沒有細讀全篇原文前，我不應加以深論。

問：聽中共口氣似乎對武力攻臺頗有把握，您看他們這種估計是否虛聲恫嚇或不無根據？

答：這須看你用什麼標準去衡量。如果以有形的作戰能力爲標準，則以目前中共所擁有的土地之廣，人口之衆，物質之富和武器之多，你不能說它的恫嚇純是虛聲，但它顯然沒有把握。因爲戰爭的勝負究竟不能完全取決於有形的物質力量。他如環境、形勢和精神的影響力也很重要。中共過去困守延安彈丸之地，有什麼物質條件能在短短十二年內把擁有廣土衆民和堅甲利兵的國民政府逐出大陸呢！由此可知，它對武力攻臺實在不應有多大把握。

問：鄧小平先生託撒契爾夫人帶信給雷根總統，希望他對中國統一有所協助，您有何評價？

答：這對華府、北京和臺北都是重要的步驟。回溯歷史，美國曾有兩次挿手於國共之爭，而策略正好相反，但都發生重大影響。先是抗戰勝利後杜魯門總統派馬歇爾特使來華調處，結果便宜了中共。後來艾森豪總統懲前毖後，左祖國民政府，與中華民國結爲同盟，以中美共同防禦條約保護臺灣，但也阻止了國府反攻大陸。現在防禦條約雖已廢止，但美國仍以臺灣關係法爲臺灣撐腰，使中共不敢對臺用兵。

於是中共統戰的目標勢將放在美國，類似撒契爾夫人的信使，已經不是第一次，今後勢必加強。但我不信雷根會效杜魯門之所爲，對臺灣施加壓力。

問：中共稱蘇聯一貫支持其對臺立場，是否一廂情願？

答：蘇聯戰後以接收東北日軍的武器去裝備林彪部隊以及後來在聯合國一貫地排我納毛，雖有珍寶島的衝突，但它一直想與中共締結互不侵犯條約，所以說蘇聯一貫支持中共對臺立場，似非一廂情願。因此，蘇聯不會幫助臺灣對抗中共。但它是否會在中蘇邊境重演珍寶島的射擊戰，以收漁翁之利，我尙不能預測。

問：如果中共封鎖臺灣，臺灣有無能力突破封鎖？美國會接受封鎖這一事實麼？

答：封鎖必將導致戰爭。因爲臺灣必將以武力突破封鎖，於是戰爭就起。所以中共如想避免「血洗臺灣」，就不可輕言封鎖。

至於美國的反應，主觀上可能不予干涉，但結果將捲入漩渦。請回顧一下美國參加兩次世界大戰的背景，便知維持中立之不易。美國加入第一次大戰雖在一九一七年，但惡因則種在一九一五年德國炸沉英輪露西坦尼亞，死了一百餘名美國旅客。第二次大戰爆發前五年，一九三五年，美國就急着趕訂中立法，禁止人民將戰爭物資運往交戰國，以預防捲入漩渦，但在大戰發生還不到三年，美國政府竟明知故犯，又急着訂立租借法案，以大量戰爭物資由美艦護航，接濟民主國家，破壞中立，惹火上身。我想中共在決定對臺封鎖或用武前，一定會把這些史實認眞地咀嚼一下，則它可能就不敢輕下賭注了。

問：臺灣目前是否如中共所說在搞「兩個中國」？

答：可以說「是」，也可以說「不是」。因爲中國目前確有兩個：一在臺灣，一在大陸。前者早已離開大陸，後者從未統治臺灣。這是事實，不能否認。但臺灣的目的，同大陸一樣，是統一中國，不屑搞兩個中國。我曾就這種局勢提過一個口號：「今天兩個中國，明天一個中國」。臺灣所搞的，我想就是這樣。

臺灣這個政策要維持多久呢？中共領導人曾一再推測，他們曾說，他們可以等得很久，十年八年，甚至一百年。本年一月香港報紙尙登載中共領導人所說：「一百年不統一，一千年總要統一。」本這信念，憑我靈感，我最近很想寫一篇「中國統一的百年大計」，建議三個階段（現在的相持階段，未來的聯合階段和最後的統一階段）以及幾個原則和一些做法，呼籲雙方現在就應着手進行。但因考慮尙未成熟，我今天不便發表。

問：你對中共以「一國兩制」統一中國那個號召的看法如何？

答：這個號召很新穎，也會發生相當的力量，但有兩點必須注意：

第一、所謂兩制是指共產主義制度和資本主義制度，但資本主義制度必須包含民主制度——爲民所有、爲民所治和爲民所享的法制及其實踐。沒有民主制度，就不可能有資本主義制度。然而中共眞的會在香港實施民主制度麼？

如其然也，中共可能會在中國大陸也實行民主。如果大陸民主化了，則在臺灣的政府和人民自必欣然與大陸相統一。

反之，如果中共祇想在經濟上採取資本主義制度，而在政治上排斥民主制度，則祇是一個半制，不是兩制，自必減少它的號召力。

其次，中共所以能夠穩定香港的人心，它的兩制五十年不變的諾言起了極大作用。以此爲訓，北京和臺北如果現在就能在國家必須統一的前提和保證下，提出雙方合作互助和平共存若干年的過渡時期的諾言，則談判應有可能，並應爲人民大衆所樂觀其成。

問：聽說您已退休，今後有何打算？何時回臺？

答：退休有一好處，我會有更多的言論自由，如果我尚在朝，我便不好談這些敏感問題了。至於歸期，大約在國民黨下次中央全會召開前夕。（記者按：陶百川先生爲國民黨中央評議委員）

一九八五、四、一，於舊金山・史丹福

(附載)論中共再度對臺表示武力威脅

——評李慎之和資中筠的一篇論文

丘宏達

一九八五年三月十四日至三月十六日美國民間團體「大西洋委員會」在華府附近之艾麗山莊舉行「臺灣未來十年研討會」，同時邀請中華民國及中共學者參加。中華民國方面派二位教授前來，並提出論文。中共方面原答應參加，其後在開會前又突然表示該會之論文中有洋人用「中華民國」一詞，因此拒絕前來，但仍由中國社會科學院美國研究所所長李愼之先生和研究員資中筠女士提出一篇「臺灣未來十年」之論文，由於論點強硬威脅要用武力對付臺灣，引起特別注意，該文摘要已刊於三月十八日「華語快報」，因此不再贅述，只將其中幾個值得商榷之論點，提出個人意見如下：

一、中共之「葉九條」、「鄧六點」（或四點因爲「人民日報」只報導四點）及「一國兩制」，爲什麼中華民國不能接受？

中共不管提出任何優厚條件，其目的均在消滅中華民國之國際人格，將其改爲「特別行政區」，而此區之基本法又由中共控制之人民大會來制定及修改。換句話說，任何優厚條件均可由中共片面修改或廢除，並排除國際干預。此種統一條件在臺灣不管是任何人執政，都不敢接受，否則必遭人民羣起反對而危及政權之存在。李和資的論文中，只是一再複述臺灣方面早已表示不能接受之條件，並無新的含義。

二、中共認爲應該盡量削弱臺灣防衞力量，使其在恐懼之下，接受中共之統一條件，這是臺灣方面任何負責任的執政者絕對無法接受的。李和資的論文中一再反對美國對臺軍售，可見中共仍舊堅持此種策略。

三、李和資的論文中提出一個新的武力攻臺的理由，卽臺灣如果內亂，中共要出兵平亂。其所以加此一理由之原因，主要是中共現在大量收集臺獨、黨外及其他反對中華民國政府之報刊及資料，從這些資料中得到形象卽臺灣將有大亂而可能出現臺灣獨立之情況，所以先說明立場在先。這個內亂攻臺之論點，其主要對象是臺獨、黨外及美國人。

四、李和資的論文中將「兩個中國」之概念又作了擴大解釋，將「多體制」國家及「邦聯」均認爲是「兩個中國」。這樣一來，和平統一的可能性愈來愈小了。美國與德國的統一均是經過一段邦聯之時間，各邦相處融洽，認爲進一步合作，大家才能更有發展，所以進爲聯邦。中共現在對「多體制」國家及「邦聯」均不考慮，「聯邦」也反對，因此，我看不出有任何和平統一之可能。（註：邦聯各邦仍是國際法之主體，具有單獨國際人格，如一八一五至一八六六之德國邦聯及一八六六至七一年的北德邦聯，一七七六至一七八九的美國邦聯。聯邦之下則各邦失去國際人格，但聯邦與各邦權限在憲法中劃分清楚，聯邦政府不得干涉各邦人事及行政。）

中共這種態度將加強臺北方面保守派之勢力，雙方堅持下去，遲早將爆發武力衝突。

五、李和資的文章中說，如果沒有外來干預，對臺軍事行動將是迅速的，其不良影響將是短期與有限的。由最近中共向義大利購買武器及要求義國訓練傘兵及山地作戰一事來看，中共似乎是準備必要時對臺作武力干預，以除去所謂「東南亞之一顆定時炸彈」。

李和資的論文不大可能是個人意見，我看是反映中共當權派的看法。因此，中華民國政府與人民似應特別注意，不可以等閒視之，將其大罵一頓了事。一方面應加強革新內政以消除內亂之可能性（如劉宜良案及十信弊案均爲替內亂舖路），另外對大陸及國際上必須採取合理之態度與說法，以減少中共攻臺之藉口。海外華人公正之士也應勸告中共不得對臺灣用武力，因爲臺灣仍是在中國人統治之下（除非臺灣宣告獨立），早晚會統一，只要大陸能做到民主、自由、均富又對統一提出合理之條件，統一不是問題，不必心急。

評胡耀邦談攻臺戰略

據紐約華語快報發行人陸鏗報導，他在四月一日在史丹福陶寓訪問陶百川，談到中共封鎖臺灣問題，問答如下：

問：如果中共封鎖臺灣，臺灣有無能力突破封鎖？美國會接受封鎖這一事實麼？

答：封鎖必將導致戰爭。因爲臺灣必將以武力突破封鎖，於是戰爭就起。所以中共如想避免「血洗臺灣」，就不可輕言封鎖。

至於美國的反應，主觀上可能不予干涉，但結果將捲入漩渦。請回顧一下美國參加兩次世界大戰的背景，便知維持中立之不易，美國加入第一次大戰雖在一九一七年，但惡因則種在一九一五年德國炸沉英輪露西坦尼亞，死了一百餘名美國旅客。第二次大戰爆發前五年，一九三五年，美國就急着趕訂中立法，禁止人民將戰爭物資運往交戰國，以預防捲入漩渦，但在大戰發生還不到三年，美國政府竟明知故犯，又急着訂立租借法案，以大量戰爭物資由美艦護航，接濟民主國家，破壞中立，惹火上身。我想中共在決定對臺封鎖或用武前，一定會把這些史實認眞地咀嚼一下，則它可能就不敢輕下賭注了。

後來陸鏗於五月十日在北京訪問中共總書記胡耀邦，談到那段問答，原文如左：

陸：陶百川先生你知道吧？

胡：我知道。

陸：他是臺灣名政論家，他是很有風骨的。今年四月一日在舊金山時，我去訪問他，他認爲中共一旦封鎖，臺灣一定會反封鎖，這就必然導致戰爭。這豈不是與中共的初衷相違背嗎？

胡：我們如果有能力封鎖的話，也就有對付反封鎖的辦法；我們有全勝的把握，才會採取這個步驟。這裏讓我講一個故事，就是一九四九年，當我們的百萬雄師下江南時，毛主席也是經過愼重考慮的，其中之一，就是如果美國出兵干涉怎麼辦？

陸：哦，當時就已經估計到美國干涉的可能性？

胡：哎！當時決定了！如果美國出兵干涉，也就同它幹！那時主力二野、三野以及四野的一部分，就集結長江一帶，當時，我們的部隊人數將近四百萬，我們以二百萬的部隊擺在那一帶，就準備在那裏同它幹！所以我們一朝採取封鎖的辦法的話，臺灣，好辦：我們還要估計到外國。

陸：估計到外國插手。當然美國是可能插手的。如果美國人插手，按你的意思，你們還是有把握的

胡：我們要有把握，才會幹這件事。

陸：這也就是說：一旦對臺灣採取封鎖的辦法，你們到時就已經把美國干涉估計在內，而且有必勝的把握，對不對？

胡：不一定說是美國干涉吧，我們就說是外國吧。……

陸：好！我同意換個詞兒吧。一定尊重你的意見。

按：從這兩次問答，可以發現兩個重要信息對臺灣乃至整個中國影響很大。因爲：

一、胡耀邦從此更信臺灣確有抵抗的決心，中共如果必欲用武，自須背上「血洗臺灣」的罪名，而中共現在還不準備付出這樣重大的代價，於是雙方可望暫時相安。

二、胡耀邦表示，中共不能不把美國的干涉也計算在內。而如果中共眞的不惜與美國決鬥（胡說得已很清楚，中共必須作着那樣的準備和擺出那樣的架勢），那將是何等嚴重的局勢，則中共可能更不敢輕易對臺使用武力了。

但陶百川在另一文中又指出，凡此兩者必須具備兩個條件：

第一、臺灣仍能保持現有優勢，包括政治的經濟的社會的和軍事的優勢，使中共不敢輕率冒險。

第二、美國須有履行臺灣關係法的決心，使中共不敢孤注一擲。

可是陶氏仍不敢過分樂觀，因爲他恐中共可能出於估計錯誤或逼於、甚或誘於內外情勢，而冒險徼倖。所以臺灣方面尚須隨時使出奇謀高招，妥爲應付。

一九八五、七、七

民主常談統一新路

編者按：國府國策顧問陶百川先生一向是臺灣清流的象徵，他在監察委員任內向以敢言著稱，而最後不得不掛冠求去。他對國家求治心切，對當道善盡諫責。如今雖身居閒職，而且年逾八十，但對國事的關心始終未減。日前他接受本報記者的訪問，對臺灣未來的危機與契機發表意見，極爲難得。（本文由本報記者陳寧訪問紀錄）

記者問：本報正在推出一系列專欄，主題是臺灣未來的危機與契機，您看臺灣最大的危機是不是政治方面的接班問題？因爲蔣經國總統年老力衰，後繼無人，以致內憂外患接踵而來，你認爲如何？

陶答：我看這不是什麼危機，因爲蔣總統並未如外界所想的那麼年老力衰。他的年齡與雷根差不多，而鄧小平卻比他大多了。他最近不是還到飛機場歡迎和歡送訪問臺灣的國賓嗎？目前報紙上刊登他遠赴馬祖慰勞國軍將士。所以他絕對可能繼續領導政府。

而且，臺灣有憲法，有國會，依法選出李登輝副總統，他就是總統的繼承人，克當大任，將來經過幾次選舉和新陳代謝，很多青年才俊必能挑起政治重擔，成爲政府的重心。我敢說，這也是蔣經國總統的願望和安排。

問：但是，外邊盛傳蔣經國在安排他的兒子接班，您以爲這是可信的嗎？

答：那是「想當然耳」的推測之詞。如果他在安排他的公子擔負大責重任，他早做行政院部長和救國團主任了。

問：江南案和十信案暴露了政治、經濟危機，您看政府受了多大損害？其影響如何深遠？

答：江南案與十信案暴露了財經官員貪污腐化、商場道德敗壞，幸而及時破案，並把犯罪的人依法嚴辦，可望收嚇阻之效。這也表示國家有法紀，政府有擔當。現在兩案已將結束，危機不致擴大。

問：現在臺灣投資意願低落，經濟成長衰退，政府乃組織經濟革新委員會，以圖挽救，但是很多人認爲政治也有問題，更須革新，您看如何？

答：我最近主張經濟爲重，政治當先，因爲臺灣的政治人物大多數觀念保守、行動遲緩，因而缺少生機和活力，從大處、遠處看來，都是危機所在。根本原因是缺少推動的力量，這包括對政治的監督、批評、制衡和革新。在一般民主國家裏，扮演這種角色的是總統、國會、大衆傳播媒體、政黨和民意。而在臺灣則國會老化、士氣不振、新聞自由和言論自由都沒有多大保障，尤其不准組織新的政黨，以致民意難伸，缺乏監督、批評、制衡、革新的能力和功效，一切須待總統來推動，而他一人又如何能管那麼許多！所以，政治的機能如何能不老化和弱化！

但中國大陸在這方面所犯的毛病更多更大，所以乃有毛澤東的奪權和四人幫的造反。這正是中國民族的悲哀。

問：照您所看，要如何才能挽救這個危機？

答：我看這也不難，祇須實施自由民主。大陸和臺灣都須開放報禁，臺灣並須解除戒嚴，大陸則須放棄人民民主專政和馬列主義及毛澤東思想。這兩者是中共四大堅持的最大禍根，必須拔除，方能眞正轉危爲安。

問：在您所說的各種自由民主辦法中，政黨政治應具有關鍵作用。如果祇有憲法、國會、選舉和大衆傳播媒體，而人民不准組織政黨，則民主自由就將落空。極權國家像蘇聯等雖都有憲法、國會、選舉和傳播媒體，但不許組織政黨，所以也就沒有民主自由，因此政黨實在非常重要。您看臺灣何時才能讓人民組織政黨？

答：我對你所說的很有同感。高雄事件發生後，我曾向政府建議訂立政黨法，在政黨法公佈後兩年內准許人民依法組織政黨。我建議政黨法中應該規定須有人民千分之五的人數，方可向中央選舉委員會申請組織政黨，申請書中須表示遵守憲法，違者得由中央選舉委員會予以解散，但中央選舉委員會的組織必須更民主化。這個建議獲得當局重視，加以研究。可惜考慮了一年之久，還是被否決了。我將繼續鼓吹，因爲它實在太重大了。

問：最後，我還想提出中國統一這個大問題。大陸和臺灣近年來都標榜和平統一，但最近中共的態度似乎轉趨強硬，而臺灣則仍堅持「三不」、「三拒」，非常僵硬。這樣相激相盪，危機就在眼前。您對統一問題一向很重視，也曾加以研究，您看有什麼奇謀可以緩和局勢，化解危機？

答：說來話長，我今天祇能把我的構想濃縮為這樣幾句：

兩國兩制，本是同根。
志在統一，但非其時。
主權聯繫，以為過渡。
××××
宣傳休戰，戾氣化除。
遇事折衝，有予有取。（註一）
和平共存，合作互助。（註二）
××××
混合經濟，多元政治。
相期百年，民主均富。
水到渠成，一國一制。（註三）

這個構想導源於中共所提倡以及用以解決香港問題的兩句口號：「一國兩制，五十年不變」。

這是一個聰明而現實的辦法，香港賴以收回，人心賴以安定。但是，要把它使用於臺灣和中國大陸的統一就必須增改兩個數字，也就是把「一國兩制」改爲「兩國兩制」，把「五十年不變」改爲「一百年不變」。

統一新路立此存照

註一：華航對中共最近索回被刼人機的交涉，而且達到了目的，乃是一個很好的實例。

註二：所謂「合作互助」年來也有例可援，包括准許對共轉口貿易以及中華女籃最近與中共女籃分別參加莫斯科的比賽，而最聳動聽聞的，乃是民國七十一年我國同意邀請中共女籃來臺北參加比賽。（但竟爲中共所拒絕）。

綜合這些實例，可知我國的「三不」政策已增爲「五不」——「不接觸、不談判、不妥協」以及「不迴避、不退讓」。善哉善哉！

從而想到我曾主張一個「新三不」——「不恐懼、不廻避、不投降」。但中共卻硬要我們投降——以中華民國投降中華人民共和國，以三民主義投降「四個堅持」，包括馬列主義和毛澤東思想以及人民民主（無產階級）專政，而且聲言必要時須使用武力，於是我這統一百年大計不幸已成爲畫餅，縱能用以反制統戰，但究不是我的初衷。

註三：中共怎樣毀壞我這百年大計呢？請看下文「鄧小平的統一藍圖」。他連「聯邦」制度也不能容忍，更遑論「邦聯」制度！自更反對我的「主權聯繫」和「今天兩個中國，明天一個中國」了。但我認爲我的「統一新路」有利於我國，而「無可奈何花落去」，（這句小晏詞，是鄧小平所常引的），中共也將被逼於形勢而走上這條陽關道，所以我仍把它印出來「立此存照」，並候明教。

七五、八、二二，臺北

鄧小平的統一藍圖

香港前有三位議員赴平會晤鄧小平，談及臺灣統一問題，近將鄧的談話正式發表，頗可注意。鄧說：

「很多國家因爲兩種制度而分開，中國現在有香港、臺灣，使中國分開。如果中國想吞併臺灣，或臺灣想用三民主義統一中國，雙方循此道路走，最後便要打仗，香港也要武力收回，這是不利的。若兩個朝鮮，互相吞併，便會產生出國際爭端。一個兩全之法，我們能不能找到。最好是被此都不要吞併，一國兩制，是合情合理的制度。聯邦制並不適合中臺之間，所以要用特別行政區。兩個德國又怎樣，不管東西德，民族願望都是統一，一百年不統一，一千年總要統一，這也要用一國兩制。」

鄧談話的重點，是在「聯邦制並不適合中臺之間，所以要用特別行政區。」那是要以北平的中央政府來統治臺北，而臺北就貶爲地方政府。而且因他反對聯邦制，他心目中的地方政府，不獨沒有主權，而其治權也小於聯邦制國家例如美國的州或蘇聯的「共和國」。這是臺北拒絕與北平談判和平統一中國問題的重大原因。

七三、九、一〇

（附載一）鄧小平想以三年統一國家

鄧文儀談
陳裕鑫記

今年（一九九〇年）五月十九日上午，在北京天安門的人民大會堂裏，中共最高領導人鄧小平在辦公室，首次接見臺灣來的訪客鄧文儀，他並明確的告訴鄧文儀：「大陸與臺灣是一家人，不必打仗了，打仗對雙方都不好。」「今後臺灣與大陸一定要統一，也許兩三年，但最多三年就可以統一。」

這項對海峽兩岸來說極其重要的訊息，因大陸官方未發布新聞，鄧文儀返臺後也沒有對新聞媒體透露，直到十月二十四日鄧文儀接受本刊訪問，才使這項訊息獲得證實並且曝光。

首次接見臺灣訪客

鄧小平接見鄧文儀的訊息，無論其動作或會談內容，意義均非比尋常：

一、這是鄧小平首次接見來自臺灣來的訪客，而且鄧小平還送給鄧文儀他們二人合照的照片，可以證實確有其事，不像過去傳聞誰見到了鄧小平，但卻無法查證。

二、這是截至目前爲止，最直接也是最權威引述鄧小平的對臺政策講話。

月前，香港《南華早報》所報導鄧小平指示，在一九九五年以前解決臺灣問題，祇是依據無法證實的消息來源，而中共官方後來也對該項報導加以否認。

另外，臺灣報章雖然引述江澤民、李鵬、楊尚昆等人，在接見臺灣的民意代表或是新聞媒體，所談及中共的對臺政策，但中共最高領導人鄧小平對鄧文儀談話內容，更具有代表性。

三、自去年六四後，高齡八十六歲的鄧小平，其健康狀態不時引起外界疑慮。而鄧小平與鄧文儀的合照，可以看出其健康狀態，而且鄧文儀是親身目睹，而且身在臺灣，可以查證，使臺灣民衆對鄧小平的健康有進一步的了解。

更特別的是，鄧文儀與鄧小平從莫斯科孫逸仙大學的同窗關係，變成國共鬥爭時的宿敵，兩岸分峙時的對手，再演變成在北京人民大會堂握手會談，過程相當具有戲劇性，也可觀察出兩岸關係變化之快。

鄧文儀接受本刊訪問表示，原先他對是否赴大陸曾有疑慮，擔心如果以個人前往，可能因爲他的身分過於敏感，引起別人的揣測，但後來因大陸政協副主席，也是他在黃埔第一期的同學，現任大陸黃埔同學會會長侯鏡如的力邀，他才決定組團赴大陸一遊。同行共有八人，除了他是黃埔第一期之外，另有第六期及第十五期的前兩名黃埔將領陪同，以及資深國代滕傑的公子滕則華，及一名黃埔校友但現在從商的周姓商人。

過去恩怨捨去不說

五月九日，他們到達北京，隨卽住進釣魚臺賓館。鄧文儀說，在北京期間，他曾拜訪了他的老同學，包括聶榮臻、九月才過世的徐向前等兩位元帥。

就在五月十九日上午，他們準備離開北京，轉赴南京的前一天，鄧小平突然在人民大會堂正式接見鄧文儀，在場的人士除了兩鄧外，還有政協副主席侯鏡如、周姓商人、滕則華等共五人，雙方暢談長達兩個小時有餘。

鄧文儀表示，在這場談話中，先由鄧小平開場白，他談了四十幾分鐘，接着才由他發言，講了二十幾分鐘，然後自由交談，雙方談話氣氛相當熱絡，而且誠懇。

對於曾是同班同學，卻因分屬共產黨與國民黨兩個不同的陣營，鬥爭長達四十年，鄧小平以一句「過去的事情就不用再談了」，將過去的恩怨捨去不說。

鄧小平表示，我們都姓鄧，而且是老朋友，甚麼事都可以商量。而且大陸與臺灣是兄弟，都是一家人，有甚麼事情是不能商量、不能改變的？但是要談臺獨是不可以的。

海峽兩岸好好商量

鄧小平接着指出，過去國共兩次合作都很好，也可以進行國共第三次合作。他進一步切入正題說，今後大陸與臺灣一定要統一，也許要花兩三年，最多三年就可以統一。

鄧文儀接受本刊訪問時指出，鄧小平在說明「最多三年就可以統一」的談話時，並沒有解釋他的理由或判斷的依據，不過在統一的手段上，鄧小平確有所陳述，鄧文儀引述鄧小平的談話說，鄧小平表示：「大家都是一家人，不必打仗了，打仗對雙方都不好，大家可以好好商量」。

在有關大陸與臺灣的經濟合作上，鄧小平表示，大陸有的是土地、有的是人，但人才教育不夠，很多土地也還沒開發，臺灣的人、錢可以過來幫大陸的忙，這都是大陸需要臺灣協助的。他希望鄧文儀返臺後，能再帶一些人來大陸看看，他也表示，希望大陸的人能有機會去臺灣考察。

此外，他也評論臺灣的內部問題，他說，現在臺灣的社會亂得很，但大陸則不會有此現象，他建議鄧文儀到大陸各地去看一看。

建議實施三民主義

鄧文儀表示，在言談之中，鄧小平對自己的改革充滿信心，認爲大陸已大有進步。但鄧文儀在赴大陸之前，近年來曾陸續發表幾次〈致鄧小平宗親書〉，建議鄧小平實施三民主義，以改善大陸同胞的生活。這次兩鄧會談時，鄧文儀也特別再提出類似建議，鄧小平則回答說，鄧文儀寫的公開信，他已讀過，他特別說，民生主義的理想，「意思很好」，沒有再多作正面或反面的回答。

中共領導人如楊尚昆、李鵬、江澤民，在接受外界訪問時，曾說兩岸統一沒有時間表，新聞媒體也不時報導說鄧小平對統一的時間表態度如何如何，但鄧小平跟鄧文儀卻表示，中國最多三年就可以統一，到底鄧小平是持何種態度？鄧文儀向本刊記者表示，他相信鄧小平跟外人可能講一些表面的話，他覺得鄧小平與他談話時，因為是老同學的關係，講的應該是眞心話。

中國統一和平手段

兩鄧會面的背景，可以說是國共兩黨結束冷戰的縮影，其中所透露的訊息更值得推敲。鄧小平向鄧文儀表示，雙方不必打仗了，似乎說明中共要以和平的手段進行中國的統一，但在雙方會談時，鄧小平卻沒有保證或說明不以武力犯臺，他的假如臺灣宣布獨立、外國勢力介入等四個條件說，仍然是臺海安危的疑慮。

其次，鄧小平所說「最多三年」，中國就可以統一，到底是依據何種理由或考慮所作的判斷，因鄧小平沒有進一步申述，鄧文儀也沒有追問，成為沒有解答的問題。如果，以和平手段進行統一工作，因兩岸體制不同，是否能在三年卽可統一，不無疑問。如果以武力解決，誠如鄧小平所言對雙方都不好，也未必能在三年後卽可順利解決。因此，除非在三年內兩岸交流有極大進展，否則鄧小平的「三年說」，與李登輝的「六年說」，是否祇是時間表的紙上作業比賽？實令外界充滿疑問。（一九九〇年十一月四日《新新聞》）

（附載二）採訪印象

陳裕鑫

從五月與鄧小平見面迄今，鄧文儀一直沒有向新聞媒體透露這項重要訊息，其實他內心也充滿掙扎，而本刊向鄧文儀查證這項消息時，也費盡一番周折，最後頗爲重視個人回憶錄的鄧文儀，終於在「現在不說，要等到什麼時候才說」的心情下，說明他與鄧小平對話的詳情。

在這次採訪過程裏，鄧文儀的夫人、也是現任資深國代沈文英，一直不贊成將此訊息公諸於世，因爲她擔心會惹來許多麻煩，尤其是對鄧小平表明中國最多三年就可以統一的話，她可能覺得較爲敏感，建議鄧文儀再愼重考慮後再決定發表與否。其次，則是鄧文儀在軍界以及同行赴大陸的幾位人士，建議鄧氏不要對外透露訊息。

但「不斷寫作過去五十年革命戰爭及軍事有關的歷史與回憶錄」的鄧文儀，他個人對歷史紀錄的存眞相當重視，因此在本刊於十月二十四日上午當面錄音採訪鄧文儀時，他回答甚詳，錄音時間達一小時，訪談期間沈文英國代不在場。

鄧文儀在說明鄧小平對統一的時間表問題時，他明確的引述鄧小平的話說：「中國一定要統一，也許兩三年之後就可以統一，最多三年」，因事屬關鍵，本刊記者再三請他確認鄧小平是否作此表示，鄧文儀也再三肯定確認鄧小平說「最多三年，中國就可以統一」。

當天訪問結束後，鄧文儀爲求愼重，希望在本刊出版前能過目訪問部分的草稿。二十五日下午六時左右，本刊記者依約攜草稿由他過目，但這時沈文英女士建議鄧文儀愼重，最好不要發表，以免惹來痲煩。經過考慮後，鄧文儀留下草稿，表示需要思考，希望二十六日上午再商榷草稿內容。

二十六日本刊記者到達鄧宅後，鄧氏夫婦在書房內密談，意見明顯不一，最後鄧文儀說：「現在不說，要等到何時再說？」、「這事情我自己來決定」，隨後鄧文儀修改草稿上的部分關鍵段落，「也許兩三年」中國就可以統一，改爲「也許三年到五年」；「最多三年」改爲「最多五年」，而且不願多作解釋。

因鄧小平與鄧文儀會談內容，對觀察兩岸互動而言，是相當珍貴的資料及訊息，爲對歷史存眞與讓讀者了解眞相，本刊決定依據他第一次受訪時，有錄音爲憑，而且沒有任何立即心理壓力的訪問內容，亦即所引述鄧小平表明「也許兩三年」、「最多三年」中國就可統一的談話。至於鄧文儀最後希望改爲「最多五年」、「也許三年到五年」的意思表示，也一併留爲註腳，讓讀者明瞭鄧文儀爲減低可能爭議的一片苦心。

統戰和反統戰

來美兩月餘，與許多到過中國大陸的人相晤談，他們對大陸之行毫不諱言，而且對中共頗有好感。報載去年去過大陸的各色人等，總數達十萬人。可見中共統戰氣勢之大。

其中最當注意的，乃是中共對臺灣的統戰攻勢。臺北聯合報本月二十日社論，指出：

「對於中共的統戰，我們原是可以不予理會的，所謂通商通郵通航，實在是中共暗藏滲透顛覆陰謀，不能以一般常理來看待。不過，學人們指出的如下兩點意思，是值得深思的：

「第一是：『我政府之斷然拒絕，使外人及海內外華人對政府有頑固，做事有不合理之感覺』；

「第二是：『我們不要等敵人想出一個策略才來對付，必須有攻擊精神，主動想出策略來攻擊敵人。』」

我對該報這個看法，頗有同感。

大勢所趨，通郵恐怕無法避免。已故監察委員×××先生之子數月前已有一信從天津逕寄臺北監察院收轉。臺灣郵政檢查人員以後將會發現更多的這種直達郵件。臺北保防機關通知該委員家屬可將覆信送經該機關查閱後，逕寄天津。是則通郵已經實施了。

至於通商，則透過香港亦已開始。

但通航則不可行。

美國國務院的東西文化中心，下月份將舉行中日印三國農業會議，邀請北平和臺北各派二人參加會議，據說北平已同意參加。不知我政府意下如何。鄙意我國亦可參加，以表演偉大氣魄和統戰功夫。

依這模式，我國似可考慮，他日臺北如有適當學術會議，似可邀請大陸知名學人前來參加。無論對方接受或拒絕，我方都可收政治和宣傳之效。而且被邀請者是個人而非官方代表，是指名邀請而非請其官方指派，我方也由民間團體出面辦理，自不牽涉到「法統」問題。這種「人民對人民」(People to people)的交往，乃是我方的「統戰」，也可說是一種反統戰，何等漂亮！

春風送暖能解凍麼？

寄希望於院院長的觀念突破

中國統一問題，好比一座冰山，既冷又硬，既大又高，搬不動，打不開，祇有設法化解，方是上策。作爲一個孤臣孽子，我慮患很深；學作一個政治思想家，我應該比一般人想得遠一點，看得深一點，所以十餘年來，我常在勞神焦思，苦心孤詣，不揣冒瀆，不避風險，陸續提出一些對策，以期有助於這個敏感和重大問題的緩和，突破和解決。

「今天兩個中國明天一個中國」

我十多年前最早的一個對策，是「今天兩個中國，明天一個中國」。我所以有這構想，是鑒於那時我國在聯合國的代表權已經搖搖欲墜，而國內朝野尚在高唱：「漢賊不兩立」，「寧爲玉碎，毋爲瓦全」；我以爲不切實際，有害國家，所以提供這一新原則。

我一向主張一個中國，那時如此，現仍不變。我祇是認爲從分裂到統一，茲事體大，不是一下子就能成功，所以呼籲國人，包括臺灣海峽兩邊的國人，應該堅守一個中國的原則，但也須尊重兩個中國的事實，忍耐再忍耐，努力再努力，不許急躁，不可胡來，假以時日，自然功德圓滿，水到渠成。

我這個兼顧現實和理想的對策，卻不能見諒於國人。當時投給一家大報的一篇有關文稿被退還。一個月前，在警備總部「匪剿」怪事解決後，一位周姓友人還寫信給一位將軍，說我當年主張「兩個中國」，乃是附和費正清爲中共作統戰，他因此教唆那位將軍引用那個罪名，把我打得永不翻身。

但鐵的事實是中共一向堅持一個中國，反對兩個中國，所以有人如果替中共作統戰，當然鼓吹一個中國，豈有主張兩個中國之理！至於我的「今天兩個中國，明天一個中國」，乃是純粹爲我們自己也是爲民族未雨綢繆，暫維分離現狀，以待統一的最好時機。

「認同而後統一」

現在中共正在大力推行一個中國的政策，費正清敎授也已倒向中共，放棄兩個中國之說。但我還要在「一個中國」原則之下主張「今天兩個中國」，這須說到幾年前我對中國統一問題的第二個觀念：「認同而後統一」。

那時中共倡導「回歸認同統一」，我以爲認同乃是三者的關鍵，也是統一的先決條件。這也可以說明今天仍不是統一的時候，因爲雙方還不能認同。我曾寫了一系列有關文稿，收印在我的第一本政論集：「臺灣要更好」，可供參考。

七年前在美國答覆友人：「怎樣方能和平統一」時，我指出認同是主要方法。我說：「首先是『認同』，包括意識形態和立國之道的『認』識和『同』意。而因現在北平和臺北在許多國是問題上的認識和做法絕不同一，甚至有如冰炭之不相容，所以沒有和平統一的可能。『同聲相應，同氣相求』，如能認同，方能統一。」

去年中共提出和平統一的九點建議，我發表談話，請它提出更高層面的方針政策。我說：「臺灣海峽兩邊的中國人都在希望國家早日統一，使全體中國人都能享受自由、民主、安全、寬裕的生活。但是如果照葉劍英的條件去統一，共產制度勢必原封不動，三民主義則被置之腦後，那麼不獨這裏中國人現有的自由、民主、安全、寬裕的生活失去保障，大陸的中國人自更沒有幸福可期，所以他的統一云云仍屬空談。我希望中共能夠提出更高層面的方針政策以及作出更高境界的事實表現。」

按：我所謂「更高層面」是指國家層面，也就是中華民國和「中華人民共和國」那個層面。中共不得祇就臺灣省這一低層面做文章。記得蔣總統也曾說過：祇有中國問題，沒有臺灣問題。而談到國家問題，就須觸及統一程序、統治形式和立國原則等大問題。中華民國已經指出三民主義和平統一的道路，中共對這些問題將提供什麼方針政策呢？

統一的三個階段

今年一月，臺北一位記者總括我的上述想法，問我：它們對於統一問題能有什麼影響？他說：「記得十年前你對海峽兩邊的現狀和未來的歸宿提出這樣一個原則：『今天兩個中國，明天一個中國』。你最近對美聯社記者又指出統一中國的三個階段及其特性：第一階段就是現在，乃是不戰不和；第二階段將是和平共存或和平競賽；第三階段方是和平統一。你認爲英國和印度等的國協模式能否適用於上述第二階段？今天的『兩個中國』能否用它過渡到明天的一個中國？」

我答：「你這個問題太重大和太複雜，要看第一階段情勢的發展，方能預測。容俟他日。」

我提出上述那些觀念時，統一問題在臺灣還列爲「禁忌」，我沒有暢所欲言。但是現在看了行政院孫院長「中國問題與中國統一」的講話，我不獨欽佩他的明智、遠見和善意，而且竊喜我的一些「狂想」和淺見已經引起了一些共鳴。我認爲他的講話乃是春風送暖，應該有助於中國統一問題這塊堅冰的解凍。試引幾個論據：

春光暖風及其反應

一、他稱大陸共產黨爲「中共」，而不再叫它做「共匪」。這是小事，但也可算是一種觀念的突破。

二、他聲明：「我們提出以三民主義統一中國的主張，絕對不是有意要爲難中共」。他接着指出一些事實作爲理由，我想應爲中共所理解。

三、他解釋：民族主義就是爲民所有，民權主義爲民所治，民生主義爲民所享，簡言之，三民主義就是民主自由。這是說，三民主義的涵義寬廣博大，可以包容許多其他主義。我以爲共產主義如加修正，也可與三民主義合抱同歸。

四、他承認中共年來確在修正，而且修向三民主義，他說：「最近又試圖調整經濟結構，……不得不作轉向的打算」。

五、他希望：「只要大陸上的政治、經濟、社會、文化各方面，與自由中國的差距不斷縮小，中國和平統一的條件就自然會漸趨成熟。」

縱觀通篇講話，孫院長表達了善意和愛心，而沒有惡意和恨心。所以我希望它能溶解那塊堅冰。

可是他未始沒有怨言，其中最爲我所惋惜的，乃是中共「不但拒絕派隊前來臺北參加第五屆世界女壘賽，並且多方阻撓其他國家參加。」

試想我們爲了遷就中共，希望它來臺參加，不惜同意在球賽開幕典禮中掩旗息歌，委曲求全，但中共卻輕視我們的美意，辜負我們的苦心，悍然拒絕。

回憶中共在一九七一年大力歡迎當時的敵人美國桌球隊前往比賽，就此展開了乒乓外交，化敵為友。本月二十日，它又在北平大力歡迎中斷了十七年的蘇聯田徑選手，可能又會展開田徑外交。但是中共卻放棄了彼我雙方以球會友的機會，可見它對我們的敵意尚深，於是孫院長的春光暖風看來不能發生解凍作用了。

七十一年六月二十二日美西旅途

與史卡拉披諾談臺灣安全問題

加州大學總校教授兼東亞研究中心主任史卡拉披諾先生最近前來演講，知道我在這裏，電話約我茶敍。我與他們伉儷談了足足兩小時。他問我戰時國民參政會情形，我問他對於臺灣前途的看法。現就後者摘述幾點：

史：今年三月曾在臺北，那時深恐臺灣經濟會因中美斷交而衰退。不知現在情形如何？

我：經濟仍在成長，投資並未退縮。但經濟將視國防安全爲消長。我們不知中美間武器交易明年能否恢復？中美共同防禦條約將在明年一月一日起失效，對臺灣難免又是一個衝擊，美國必須恢復武器交易，以增強臺灣的防禦力量和民心士氣，你看情勢如何？

史：中共必將阻撓，暗潮難免迭起，但美國不會根本不賣，所成問題的乃是武器的性能和數量。

我：美國是否還重視臺灣和臺灣海峽的戰略地位及其價值？

史：美國仍很重視。但在臺灣與中共衝突時，美國的立場就會感到兩難了。

我：我曾在此與費正清教授談到此事，他說最好強調西太平洋的安全，則臺灣當然包括在內，要求有關各國共同維持和保證，最好能使蘇聯和中共也分擔這種責任。

史：那是空想。

我：中共現在對世界和臺灣加強統戰及和談攻勢，以圖離間和孤立臺灣。據說中共大使曾請范錫國務卿充任和談介紹人。你看美國是否會介入？

史：我沒有聽說中共曾請美國調停，美國也不會介入，美國認爲那是中國人自己的事情。

我：如果中共對臺灣使用威脅手段，形勢緊張，美國爲息事寧人，可能壓迫臺灣（例如武器禁運）與中共談判麼？

史：美國反對中共使用威脅手段，不會幫助中共壓迫臺灣。但是和談有什麼可怕呢！如果中共再要求和談，我建議你們大可反擊它一下，聲明：除主權不能談判外，其餘都可商討，請中共派代表到臺北去談。那將使中共很爲難。

我：這就是中國人所說的「以其人之道還治其人之身」。

史：正是如此。所以你們不可再犯戰術錯誤。

我：你說「主權不能談判」，是否表示兩個中國或一中一臺？二十年前你曾爲美國參議院寫過康隆報告，主張臺灣自成一國。你現在還是這樣主張麼？

史：現在還不是兩個中國麼？名稱並不重要，繼續使用「中華民國」這個國號也可以，但重要的是聲明主權不在談判之列。

六八、八、二五，檀香山

低盪外交奇正戰術

——新年展望國際大勢

我寫本文時，多天已經到來，但正如西諺所說，春天還會很遠麼！這象徵著國際局勢，它雖仍是很冷很僵，但已顯露轉機，可望有一好年。

個中關鍵及其妙用，我以爲可概括爲左列四點：低盪外交，冷和攻勢，奇正交使，進退裕如。

蘇聯冷戰・談判中斷

最明顯的事例，首推美蘇關係。因爲共產主義與民主主義勢不兩立，美蘇關係一直時熱時冷，迄未正常，而以雷根執政三年半的情形特別僵硬。不獨兩國領袖從未晤面，那已是多年來所少有，甚至不絕如縷的管制核子武器的兩種談判，也先後在去年十一月和十二月由蘇聯單方面宣告中斷。

那時美國面臨總統改選運動，雷根旨在連任，蘇聯那樣不友好的行動，目的顯然是在增加美國人民對核子戰爭的恐懼，以打擊雷根總統的聲望和當選的機會。因為雷根競選的資本是四個P字的成績：一是PROSPRIETY（繁榮），二是PEACE（和平），三是PRIDE（榮耀），四是PERSONALITY（他本人的作風和聲望），而以和平為關鍵。所以他必須做好對蘇外交，以減少緊張氣氛，增強和平情勢。於是他乃不得不一反常態，以微笑和美言，爭取蘇聯的好感，要它與美國恢復管制談判。

互讓互利·柳暗花明

他的第一個步驟，是派國務卿蘇玆趁蘇聯外長葛羅米柯出席聯合國年會的機會，約他在紐約晤談，並邀請他赴白宮與雷根餐敍。在兩次晤談中，美方表示得相當熱絡和誠懇並提議另一系列的新談判。

時在今年九月，雷根連任競選，已經勝利在望，蘇聯的抵制策略已經顯得日暮途窮，它不能不見風轉舵。而且雷根第二次任期長達四年，蘇聯怎麼可能長期抵制！而錯過選戰拉票的關口，蘇聯再想和解，自必事倍功半。現實利益和彈性策略誘導蘇聯有所必變，於是十一月七日（雷根當選後一日）契爾年科對美國外交記者表示，對美蘇談判很有興趣。他要為「低盪時代」招魂，為「和平共存」努力。

經過兩國使節的秘密協商，在美國感恩節，十一月廿二日，也是蘇聯去年宣佈終止中程飛彈談判那一天，雙方突然宣佈美蘇外長將在明年一月七日和八日在日內瓦舉行會談，以協商新談判的新議程。

對美國也對一部份世界來說，今年的感恩節比較去年是可感得多了。

美國後院·朝鮮半島

美國競選期間的和解氣氛也影響了中美洲的薩爾瓦多。該國的內戰，政府方面由美國支援，游擊隊方面由尼加拉瓜、古巴、蘇聯支援，相持已達五年。但該國新選總統杜瓦德今年九月突然在聯合國大會宣佈，他願與游擊隊首領在邊界城鎮舉行和談，雙方都不帶武器。游擊隊表示接受，會談乃在十月十五日舉行。杜瓦德保證赦免全部游擊隊，請他們共同參加明年春季的國會大選，以共享政權。游擊隊則要求停戰並提前參加政府。以後雙方又續開談判，決定停戰六天，以慶祝聖誕佳節。那是一個好的開始。

但薩國內戰的關鍵是在美尼兩國。尼國以游擊隊困擾薩國，美國也以游擊隊牽制尼國。但尼國因有古巴和蘇聯為它撐腰，使美國對它不能為所欲為。所以兩國邦交迄未中斷，最近美國且對尼國抛出橄欖枝，派人與它會商和解辦法，同時發動宏都拉斯等三國提出中美洲和平協約新草案，以期息爭保境，永維和平。

但最富於戲劇性的，乃是南北韓的發展。它們兩國先有一九五〇年的韓戰，雙方死傷慘重，去年十月北韓尚派殺手潛伏緬甸，炸死南韓外交部長和十餘名官員，而對象且是訪緬而遲到的全斗煥大統領。雙方以那樣的深仇宿怨，但今年九月，北韓竟以大批物資救濟南韓水災，而南韓也竟欣然接受。南韓並在十月向北韓提出雙方經濟合作的建議。十一月十五日雙方舉行代表會議，通過合作大綱。二十日又有雙方紅十字會會議，討論兩國離散親人的團聚問題。看來今年朝鮮半島的政治氣候較前溫和得多了。

綜合研判・提供觀感

最後，我想綜合上列事例提出一些觀感：首先，雷根總統雖把蘇俄公開斥爲「罪惡焦點」，但他還是不能不與它接觸和談判，並在「有與有取」的條件下以求「低盪」和共存。

蘇聯和尼加拉瓜也本著這種方針在對付美國。他如南韓之對北韓，薩國之對尼國，也都受這影響。它們四國對於根本問題都不存解決的希望，但都不能不爲了緩和緊張局勢而從事接觸和談判，而局勢也從而緩和下去。

其次，他們都了解共產黨是把談判作爲一種鬪爭，而鬪爭須靠實力。所以美國在三年中整軍經武，充實了談判的資本，南韓和薩爾瓦多也比以前堅強，因而都可望通過談判以穩定局勢，和平共存。

可是實力不僅是兵力而已，外交也能發生很大的力量。南韓所以能對抗北韓，因有美國的支援，北韓則更靠蘇聯和中共。尼薩兩國也各恃有外國支援。凡此都得力於外交。

但外交要以內政爲先驅和後盾。尼薩兩國爲了爭取民主國家的好感和支持，不得不重視民主和人權，而民主則必須辦好選舉，人權則必須尊重自由和法治。它們兩國因此乃開放了黨禁。薩國並在今年五月舉行大選，選出素負人望的杜瓦德爲總統，因而能與游擊隊展開談判。尼國則邀請了外國記者和外國政治團體代表多達五百餘人前往尼國參觀和檢證十月大選，從而改善了部份外國人的印象。它的人權紀錄也已刷新。於是美國乃失去對它武力干涉的藉口。

最後，我對我們自己的統一及其統戰似乎也應該加以論列，但因限於篇幅，且恐誤觸「文網」，今天祇好不寫了。

七三、一一、二

和尚與老虎

〔臺北〕本報（民衆日報）主辦第五次系列座談會，昨天在臺北自由之家舉行，主題爲「未來六年情勢分析因應之道」。國策顧問陶百川在座談會中，曾就中共積極展開「和平統一」的統戰問題及國會議員老化及補選問題發言。（編者）

首先，我想就今天座談題綱第一條：「中共積極展開『和平統一』的新統戰問題」，略陳憂思。和平統一中國，包括兩個大問題：一是政策方針，二是實行方法。我們現在遭遇的困難，不在方針，而在方法。

以方針而論，我們是以三民主義對中共的四個堅持，而所謂四個堅持，就是堅持共產主義，人民民主專政、馬列主義和毛思想以及共產黨領導。相形之下，三民主義當然勝過四個堅持。但是中共卻避開政策方針，而在實行方法上對我們發動統戰攻勢，包括葉九條和鄧六條以及「一個國家兩種制度」等招式。

我們的對策是「三不三拒」。而所謂「三不」就是不談判、不妥協、不接觸。「三拒」就是拒通商、拒通郵、拒通航。這些對策，未始不持之有故，言之成理，但是總覺得消極無爲，不獨沒有還手，而且也不能招架。

每次聽到外交部的發言人，招待記者，呼籲大家不要爲中共的統戰花招所迷惑，我總會想起老和尚叮囑小和尚不要爲女色所迷惑的故事。老和尚說：「你此次去城中，會遇到一種老虎，樣子與我們相似，但她們塗脂抹粉，花言巧語，逗人愛憐。你千萬不要受她們迷惑，她們本質邪惡，手段毒辣，會把你吃掉。」後來小和尚由城回寺，老和尚問他：「你在城中最喜歡什麼？」小和尚不加思索，就說：「老虎！就是你那天告訴我的那種老虎！」

現在我們的「小和尚」，包括外國特別是美國，已爲中共塗脂抹粉花言巧語的統戰招式所迷惑。依照聯合報一篇社論，「海內外輿論近來更多關切到我們對中共統戰的因應和反制問題。我們發現政府和民間，在看法上似乎漸漸的有所不同。簡單的說，政府仍擇善固執的守着不變的策略；學術界和輿論則有認爲應採以變制變和主動出擊的進取作法。政策採擇之所以不易，即在於初始時多爲利弊互見，然也要曉得，獲益與風險往往都成正比。就我們戡亂及戰後各國對付共黨游擊戰經驗看來，築壘固守並無成功先例。因此應如何有效因應中共不擇手段的統戰策略，實是新閣即將面臨的挑戰。」

其次，我要略談題綱另一問題：「國會成員老化及增補對策」，我以爲辦法祇有一個，就是大量增加新名額。例如立法院有三百七十多位委員，而上次增選祇有九十八位。三年後再辦增選時，我主張增加五十位，共計一百四十八位，再過三年，在原有的一百四十八位須改選外，再增加五十二位，總計須選二百位。再假定六年以後，我們仍在臺灣未能光復大陸，委員名額不必再增，就以二百名作爲總額。這樣的安排，老委員與新委員間不致脫節和斷層，而立法功能就可相對提高了。

目前監察院約有七十位委員，我想將來的總額也定在七十位。監察委員依法六年改選一次，除了上次新產生的三十二位委員應予改選之外，下次增加十八個名額，再過六年，再增加二十位，總數達七十人，這就是監察委員的總額。國大代表部份也準此分期辦理，而把總額定爲三百名。

（七十三年四月）

建議離散家人團聚辦法

其一

在南北韓紅十字會決定雙方離散家人會面協議後，中共趁機對臺灣進行統戰，透過大陸紅十字會，向臺灣紅十字會提出離散家屬會面的呼籲。這一呼籲立即爲臺灣紅十字會所拒絕。理由是「秉持基本國策，不與中共紅十字會作任何接觸或談判。」

我們這一行動，實屬不仁不勇也不智。理由一想便知，不必明表。我現在提供一個辦法，兼顧智仁勇三者。要點如下：

一、在明年元旦，政府單方面公佈離散家屬團聚辦法，規定凡有父母子女夫婦淪落在大陸而欲其來臺團聚者，可檢具證件向各地鄉鎮區公所登記。

二、父母來臺後准許永久居留，受子女奉養。

三、夫或妻准停留一個月，但得申請再次來臺。

四、子女以停留一個月爲限。

五、現住臺灣之離散家屬探望大陸父母夫婦子女之辦法另訂之。

這一辦法，可自行公佈施行，當然不必與中共先行談判。至第五條規定則須看中共反應再行研究。

七四、六、一〇

其二

我曾在六月十日提供離散家人團聚辦法。現作補充說明。

一、我在前一辦法中建議明年元旦先辦登記。這有兩項作用：一、表示對追隨政府來臺大陸人士離散家人的關切，可以引起極良好的反應；二、可以明瞭究竟有多少家人留在大陸而望其來臺會面，以爲擬訂辦法的張本。

二、政府當然應加審查，以決定准或不准其入境。

政府也當然可以規定入境限額，例如每月限制一萬人。

我預料該項人數不會很多，而且祇准父母留下，其他夫婦子女都以一個月爲限，對臺灣的負擔不會太重，對安全的顧慮也不會太大。

三、有關家人的聯絡，可由臺灣紅十字會在香港設一通訊處，收受或轉寄有關函件。如此可免通郵之嫌。

我以爲有些反共措施必須繼續，且須加強，但也有一些則必須及時檢討和改革。離散家人團聚問題的對策不宜再怯而不想、懼而不爲了。

七四、六、二六

其三

我曾爲在臺大陸人士向政府呼籲准他們的父母、子女和夫妻從大陸來臺探親。現在我覺得我更應建議政府准他們去大陸與在大陸的父母、子女和夫妻相團聚。

政府當然須先辦一次總登記，以明實情而便審核。

政府當然不必與中共商談。准不准他們入大陸？准他們留住多久？都由中共自行決定。

但中共如果准他們回來，我們應否接納，則當個別處理，而原則上則應准許。

我想願去大陸探親的人不會很多，因爲對象祇限於父母、子女和夫妻，但願意回來的人應佔多數，因爲大陸迄今還沒有多大吸引力。

中共常對我們出難題，我這個建議會使中共也傷些腦筋吧。

七五、八、五

與中共女壘對賽有感

××：

七月二日尊示敬悉。殊感關愛。自當牢記，以作紘韋。但竊有感焉。

中共統戰日益緊迫，而「肉食者鄙，未能遠謀」，有心人因而無不急煞，然多不能想，更不敢說。因念百川八二高齡，來日無多，及今不說，勢必噬臍莫及，然因備位政府，祇能點到為止，如果卽此亦不可為，而須向俞院長上書，則效益自更難期矣。

以「三不三拒」而論，談判自不可行，但接觸則有何不可！今日報載，中共女壘昨在美國出場與我隊對賽，如果認為乃是好事，則其他民間文化交流，何嘗不可準此辦理！甚至他日中共女壘如果要求來臺觀光或觀摩，則在民族文化立場或對共「統戰」戰術，我方大可接受，同時亦不妨派隊答訪。如果凡此皆不可，則將何以解釋兩隊昨在美國之揖讓而升及握手而退乎！

至於中共之統戰花招無論如何厲害，但對吾輩必無效果，此則可以告慰者也。

眼疾加劇，此稿不得不請人謄清，尚乞諒之！敬頌

籌祺並祝

尊夫人健康

七三、七、五

世界經驗他山之石

申論蔣主席的民本思想

一

本月十四日，中國國民黨二中全會開幕，我躬與其盛，親聆蔣主席「爲三民主義統一中國而犧牲奉獻」的講話。其中很多精義足以發人深省，而我最重視他那句「一切以人民爲本位」。當晚我從陽明山會場回抵家中，接聽聯合報記者的電話，說聯合報擬編一個專欄，約幾位學者專家發表談話，闡明蔣主席「一切以人民爲本位」的道理，囑我準備六百字的談話。我竊喜我們所見相同，所以立允照辦。後因那天我早晨七點離家，而且也沒有午睡，擱下話筒，略翻資料，頓覺身心都很疲乏，不能執筆。且因那樣的好題目和大題目，殊非六百字所能盡意。所以我決定並通知聯合報擬寫一文加以申論。

二

蔣主席那句話的上下文是這樣的：「世人無不深知，本黨是基於道德、責任、良知和血誠的革命民主政黨，始終堅持『一切以人民爲本位』的奮鬪，來實現民族復興、民權普遍、民生安和樂利的目標。」

在印發的文件中，那句「一切以人民爲本位」的話加有引號，表示前已說過，而我尚不知出自何人和何處。時間匆促，現在我不能加以考證，祇好留待他人。但我記得，我國古人曾有類似的遺教，最簡明的乃是尙書所載：「民惟邦本」；這話傳自夏朝，距今已有四千多年。

後來孟子以人民與國家和國君相比較，更作驚人之語，說道：「民爲貴，社稷次之，君爲輕」。他隨即加以引申：「是故得乎丘民而爲天子，得乎天子爲諸侯，得乎諸侯爲大夫。(如果)諸侯危，社稷則(可予以)變置，(如果)犧牲既成，粢盛既潔，祭祀以時，然而旱乾水溢，則變置社稷。」這是說，大夫不好，可以改易，諸侯不好，可以改易，天子不好，可以改易，國家(社稷)無道也可以改易，而祇有人民則永遠不許改易，因爲他們是最高和最貴的。

三

那樣的文化背景，應該便是蔣主席民本思想的根源。不僅如此，依照孫中山先生自己的話，整個三民主義和中國國民黨的理想，與那個文化傳統也有很大關係。所以他說：「余之謀中國革命，其所創之主義，有因襲中國之思想者，有規撫歐洲之學說事迹者，有吾所獨見而創獲者。」民本思想，便是他所因襲的一例，而且是三者之中最重要的部份。

以民本思想指導政治，於是乃有民權主義或民主主義，以它指導經濟，於是乃有民生主義，而國家的本體結構和指導原則，於是乃不會是「朕卽國家」或階級主義，而一定是民族主義。

推而廣之，在民本思想和三民主義引導之下，辛亥革命以前的同盟會乃改爲「國民黨」，它所領導的革命便稱爲「國民革命」，軍隊便稱爲「國民革命軍」，政府便稱爲「國民政府」。因爲這樣念念在人民，事事爲人民，「永遠與民衆在一起」，中國國民黨及其三民主義乃能「北伐、統一、抗戰、戡亂、改造和建設」。而「今日謀求國家統一復興的唯一憑藉，就只有始終『以人民爲本位』的中國國民黨和全民大團結的奮鬥。」（蔣主席）

四

現在我要進一步略論「以人民爲本位」的做法。

首先，仍引蔣主席在二中全會開幕詞中一段話：「我們全黨同志，誓當體認責無旁貸的要求，不負全國同胞的矚望，那就要我們都有徹底的自覺和積極的行動，開大門，走大路，促進黨的新生再盛，革新黨的工作方法，強化黨的政策作爲，心心念念爲同胞。」

所謂「心心念念爲同胞」的「同胞」或人民，於住在臺灣的一千九百萬人外，當然尙包括海外二千萬人，但是否也包括大陸十億人民呢？基於民族主義和蔣主席的話，我想他們也包括在內，所以我們對他們也要「開大門」和「走大路」。

但是「大門」怎樣能「開」和「大路」怎樣能「走」呢？武裝反攻或武力統一麼？那是關大門而不是開大門，那是走小路而不是走大路。

以「三通」去投石問「路」麼？但我政府自始就決定不通商，不通航，而且也不通郵。稍稍修改一下「三不政策」以曲「徑」通幽麼？但我政府一直堅持不談判，不妥協，而且也不接觸，違者以軍法從事。

五

不容懷疑，我們是在以三民主義統一中國。我一向擁護這個大政策，但我深信中共如果不收起四個堅持，（堅持社會主義（共產主義），堅持人民（無產階級）民主專政，堅持馬列主義和毛澤東思想，堅持中共一黨領導），它如果不肯再次認同「三民主義爲中國今日所必需」，再次宣佈「本黨願爲其澈底實現而奮鬪」（民國二十六年中共共赴國難宣言）——中共如果不能如此這般，中國必無統一可能。但我也恐我們也不能祇靠「免戰牌」退敵和統一。

今晨看到各報登載蔣夫人給鄧穎超的信，這是一個突破，但對統一恐不能產生多大效果，可是卻表示了我們對於統一大業和同胞福祉的關切。天佑我國！希望中共也能有「一切以人民爲本位」的宏願，則中國就有救了。

六

最後，我想引用蔣主席與我所談有關民本思想的話，並稍加引申。

七年多前，我從歐美考察回臺，那時蔣主席尚任行政院長，他告訴我，他很重視民生建設。他說，孫總理曾經一再昭示：「建設之首要在民生」，將總裁更以民生爲施政的重點。我指陳：依照總理遺教，「民生是人民的生活，國民的生計」，但不僅這兩者而已，民生也是「社會的生存，羣衆的生命」。

靠着政府的領導和社會的勸勉，現在人民生活寬裕，國民生計暢達，但是利之所在，弊亦隨之，有些妨害社會生存和羣衆生命的經濟流弊和精神污染，也隨伴而來，尚待政府急起直追，除弊清污，以求美善，而固國本。

七

關於培養臺籍青年俾有從政參政的能力和機會，蔣主席曾對我慨乎言之。他說，他不了解有些青年和知識分子何以那樣急躁暴烈！以政府這樣廣開仕途，擴大選舉，他們何患沒有參與政治的機會！蔣主席特別指出，其中臺籍青年更應稍安毋躁，因爲他們人數較多，循序漸進，更易水到渠成。蔣主席又說，中國國民黨和政府向有這個宏願和偉抱，不容懷疑。

這些都是他基於民本思想的肺腑之言。證以日前拔擢李登輝先生作他的競選伙件，大家對中國國民黨和蔣主席的民本思想及其實踐應該格外加以信任了。

（七三、二、一七）

有所不變有所必變

——有感於以加美三國的大選和政爭

三個民主國家，以色列、加拿大和美國，近來都舉辦大選。以加兩國的選舉已經結束，執政黨都遭到滑鐵盧。美國競選正在大規模地展開，雷根總統雖佔優勢，但孟代爾的攻勢凌厲，雷根已陷於苦戰，將來鹿爲誰得，現在尚難預必。由此足見民主政治對執政黨往往不利，眞是可爲而不可爲了。

政黨政治運作困難

先看以色列。它選舉結果，在一百二十席的國會議員中，執政的自由黨，僅得四十一席，另一大黨勞工黨則得四十四席，兩者都未超過半數，都難單獨組閣，於是各以大力爭取小黨。以色列的選舉制度，眞是民主透頂。凡在大選中獲得總票百分之一的政黨，都可獲得一席。

依此核算，有一小黨獲得了五席，另有三個小黨各得四席，此外各得三席的尙有三黨，各得兩席的也有三黨，其餘三黨則各得一席。議席如此分散，幾乎使政黨政治難以運作。

依照民主常規，以國總統先請議席較多的在野黨（勞工黨）的裴瑞斯試組新閣，限期六週。但他一再努力，終難湊足法定人數。預期結果，祇有兩個可能：一是六週屆滿後由總統另請自由黨的夏米爾試行組閣，二是在自由黨嘗試失敗後（預料應無成功之理）由總統解散國會，重辦大選。

但解散重選，勞民傷財，而且大家都沒有勝利的把握，所以爲各黨所不取，時窮則變，自由勞工兩黨於是想出輪流執政的妙計。要旨如左：

一、由兩黨組織聯合內閣。把任期分爲兩個階段，各爲二十五個月。第一階段由勞工黨的裴瑞斯任國務總理，而由自由黨的夏米爾任副總理。二十五個月後，改由夏米爾接任總理，而由裴瑞斯任副總理，任期也是二十五個月。

二、內閣閣員二十二人，也由兩黨平分，但人選須得對方同意。

三、施政方針和政策都先行協調。其中最敏感的經濟問題和外交問題，也已互相讓步，成立協議。

民主政治或政黨政治，在以色列那樣得道方能多助的國家，絕對不可放棄，這就是所謂「有所不變」。但兩黨把心態和方法改變一下，生機立刻恢復，聯合內閣於是迅速宣佈貨幣貶值，財政緊縮，物價和工資就可凍結，美國經援可望湧到，駐黎軍隊可望撤回。以色列便左右逢源，進退裕如，眞所謂「山窮水盡疑無路，柳暗花明又一村」。

反蘇和蘇隨機應變

再看美國，一因生性反共，二因爲了便於向國會要錢以擴充軍備，雷根總統一向強烈反對蘇聯。去年紐約機場不准蘇聯外長葛羅米柯的座機降落，以致他不能出席聯合國的年會。雷根本人復一再呵責蘇聯，指斥它是「罪惡淵藪」。蘇聯於是展開反擊，在美國大選發動之初，突然中止管制核子武器的兩項談判，以致雷根在外交上黯然無光。民主黨復從而展開攻擊，說二次世界大戰以後祇有雷根一個總統在長達三年多的執政期間沒有與蘇聯高階層有所接觸，簡直漠視「戰爭與和平」的危機。

眼看這將成爲總統競選的大問題，對雷根的傷害自必很大，而且長此僵持，對美國也確不利。於是儘管雷根的反蘇心態並未大變，他卻不能不變更戰術，對蘇聯大送秋波，邀請葛羅米柯在白宮會談三小時半，總算打開了兩大超強的僵局，對美國和雷根都有好處。這就是我所說的：「有所不變，有所必變」。

唯有民主方有變通

美國部份，可論的尚多，限於篇幅，僅舉此例。關於加拿大兩黨在這次大選中所表現的變和不變，我更無暇列舉，容待他日。

但我必須指出：謀國之忠，必須知變、馭變和用變，而尤須「有所不變」，但也「有所必變」。

這須具有智慧、遠見和勇氣，方能妥爲因應。而唯有在民主政治中方能具有這些需要、這些條件以及這些「窮則變，變則通」的功能和生機。所以民主政治終究還是不可爲而可爲的。可不勉哉！

（七三、十、四，史丹福）

山窮路轉柳暗花明

——以雷根經驗供我三中全會參考

他山之石可以攻玉

距今一年前，美國總統雷根，以高票當選連任，在他喜氣洋洋之際，仍有美中不足之感。因爲在他心頭年來一直懸掛着兩塊大石，使他寢食不安，同時也爲全美人民所焦慮：一是債臺高築，禍延子孫，二是美蘇冷戰，緊張危險。

於是，雷根乃發大慈悲，施大毅力，在提送國會的預算案中削減明年度支出從而減少赤字四百億元，並將以五年爲期澈底消滅赤字。他而且一反常態，與蘇聯領導人戈巴契夫舉行時隔六年的高峯會議。這樣雙管齊下，情勢居然大好。正是「山窮水盡疑無路，柳暗花明又一村」。

「他山之石可以攻玉」，雷根總統的經驗，頗有參考價值。我本來想把它寫出來，作爲「每週評論」投寄自立晚報，正好該報記者以越洋電話告知執政黨的三中全會卽將召開，要我提出對它的希望。現在我就把這兩者連綴起來，以供三中全會參考。

仁心仁術可圈可點

美國聯邦政府開支浩繁，尤其在雷根總統上臺後，更是揮金如土，用錢如水。所以財政赤字，一九八二年是一二八〇億元，八三年是二〇八〇億元，八五年是二一一〇億元。應付方法，雷根不願增稅，於是祇好借債。迄今債務已達二兆元（二、〇〇〇、〇〇〇、〇〇〇、〇〇〇元），每年須付利息二千億元，約爲全年支出的五分之一。

這項赤字或債務的影響所及，利率高漲，美元升値，從而美貨昂貴，輸出困難，輸入湧進，更從而生產萎縮，民生艱難。面對困難，雷根乃不得不用大刀闊斧，忍痛削減開支，以減少赤字。

由於雷根的大力推動，昨日國會兩院的協調委員，已經原則同意以五年時間掃除赤字，平衡預算。這個艱難而痛苦的議案預料下週就將成爲法律。而雷根則已自動在本年度開支中節省從而減少赤字六百億元。這種仁心仁術，誠屬可圈可點。

以儉施政以政教民

返觀我國，政府支出也在繼續增高，本年度的總預算，歲入短差二百一十五億元臺幣，短差率爲百分之五點二。財政當局決定，自十月份起每月發行公債三十億元，全年度發行八期共二百五十億元。這也可見我國財政的困難，預料今後將有增無已。引用美國的經驗，我國也須以儉施政，量入爲出。

報載俞院長近日指出，我國正遭受中共的挑戰、經濟的挑戰和社會的挑戰，必須好好應付。這話很對，但我以爲財政是庶政之母，尤須求其健全。如果我們在財政上手面太闊，浪費無度，馴致通貨膨脹或債臺高築，則流弊所及，政風、社風和文風，都會受它連累。

不僅俞院長，蔣總統早就引以爲憂，所以一直要大家克勤克儉，他而且以身作則，以期端正風氣，鞏固國本。我在這些「言教」「身教」之外，現在貢獻「政教」（以政爲教）這個新名詞。請三中全會檢查一下我們的政治作法及其風氣，如有不當，迅予校正。

對蘇外交放棄三不

請再看雷根的對蘇外交。他一向痛恨蘇聯，在他「不接觸、不談判、不妥協」的「三不」之下，過去四年中簡直沒有什麼外交可言。

例如美國四十年來歷任總統都與蘇聯首領舉行高峯會議，祇有雷根是例外。又如自從蘇聯入侵阿富汗以來，美國中斷了與蘇聯的文化交流。

但雷根在當選連任後，卻突然放棄「三不」，於是乃有與戈巴契夫的日內瓦高峯會議。原因何在？姑舉兩項：

一、戈巴契夫登臺後，大放和解空氣，引起美國社會和西歐盟邦紛紛要求雷根與蘇聯恢復限武談判，於是他不得不也擺出和解姿態，從而舉行高峯會議。這好像「人不轉而路轉」，形勢逼人，非變不可。

二、美國五年來擴充軍備，實力已超過蘇聯，重以大力發展星戰計劃，使蘇聯相形見絀。雷根因而增加自信力，對談判無所恐懼，尤其是不因恐懼而談判。

雷根模式可否效顰

經過兩天的高峯會議，其中雷戈兩人的單獨密談，在座祇有譯員兩人，就有五次。雷根和戈巴契夫都以妥協的精神從事接觸和談判，各有所予，也各有所取。於是緊張情勢爲之和緩，限武前途展現光明。

在一年前，雷根一再聲言，美蘇高峯會議將危害美國安全，但現已決定雙方將在明年和後年，各再舉行一次高峯會議。雷根且已認爲那會增進美國和世界的和平安全。

美國民間也有很好的反應。依照哈律斯的民意測驗，對於未來兩年繼續舉行兩次高峯會議，民意的好評，是百分之八十五對十四，對於雷根本人在政治才能及其成就，好評是百分之七十一對二十八，是五年來的最高一次。所以美蘇關係的未來發展雖尙難料，但高峯會議的眼前利益已頗可觀。

雖然如此，我很懷疑雷根模式能夠適用於我們與中共的關係。但為做好對付中共的挑戰，我建議三中全會應作檢討，並善為策劃，以臻萬全。

開好全會制勝挑戰

去年我離臺來美前，一位友人問我何時回國。我說：「全會召開，我就回來。」我問何時召開全會。他說，那將取決於何時有何問題須待全會討論解決。他說：「我們不為開會而開會。」準此看來，現在大約已有重大問題亟須討論和解決了。但我不解何以報載三中全會的會期只有兩天。別的不說，俞院長所指出的三種挑戰，就應由三中全會鄭重處理，但除應付那些例行公事和官樣文章外，三中全會在短短兩天中怎麼可能就那些挑戰集思廣益，善謀妥斷！不要說三種，我看一種也處理不了。

我以為三中全會不開也罷，如果非開不可，似須把開會時間、重要議題以及討論精神好好地籌劃一番，使會不虛開，人不失望，對事有益，對國有利。

七四、一二、七，檀香山

政治主流是進步的保守

——美加兩國選舉結果的啓示

有所不變有所必變

我在「有所不變有所必變」一文（十月廿二日自立晚報二版）中提到我對以色列、加拿大和美國大選的感想，限於篇幅，祇略論以色列和美國的情勢，而就美國也僅舉一例，至於加拿大則根本沒有論到，以待他日。現在加以申論。

在這三國中，加拿大的執政黨敗得最慘。在杜魯道領導下執政十五年之久的自由黨，競選結果，在二百八十二個國會議席中，僅得四十席，而在野的進步保守黨卻席捲了二百十一席。

進步保守黨的黨魁穆龍尼，本是律師，後來加入一家公司任經理，資歷並不輝煌，但竟一鳴驚人。我很欣賞他所領導的政黨的名稱，「進步保守黨」（PROGRESSIVE CONSERVATIVE PARTY），既要「保守」，又須「進步」。這是說，它所信奉的基本傳統——保守主義是不變的，但它不能不隨時代需要而有所增修，所以加上「進步」一詞。前者是「有所不變」，後者是「有所必變」。

民主聯盟四大主張

回憶美國共和黨和雷根總統四年前競選獲勝後，進步保守主義或中間偏右的政治思潮開始湧現，繼而有德國的大選，基督教民主聯盟和基督教社會聯盟兩黨聯合保守陣線的勝利，後來又有英國保守黨在柴契爾夫人領導下的空前大勝，中間偏右乃成爲當前世界政治思潮的主流。

據英國經濟學人週刊的調查，世界二十四個工業國家中，持中間偏左立場者僅有五個，其餘都是中間或中間偏右。

各國中間偏右的政黨去年六月廿四日在倫敦舉行代表大會，宣告成立國際民主聯盟。代表美國共和黨出席會議的是副總統布希。

他們的共同主張如左：

一、促進並保衛個人自由；

二、限制國家（政府）對私人生活的干預；

三、實施自由市場經濟，但得保留福利國家的一部份社會福利措施；

四、外交政策是反對蘇聯和支持北大西洋公約組織。

亞洲各國的進步保守政黨已在前年成立聯合組織，以日本和澳洲為骨幹。我國執政黨曾經要求參加而未果。

至於左派或中間偏左的政黨則早在一九五一年就已組成國際社會主義聯盟了。

各國政府紛紛右轉

但中間偏左的政治情勢，在個別國家中正在衰退，一向被認為左派勢力重鎮的法國社會黨，它的政府和密特朗總統，執政三年來因為社會主義荆棘滿途而不得不向右轉進，現在且正醞釀與中間偏右的政敵民主同盟的前總統季斯卡協調合作，共同應付一年半後的大選。

甚至僵硬堅持如中共者，也因共產主義不能發展大陸經濟和挽救國計民生而在改革農村經濟見效後開始採用資本主義體制，從事城市經濟的改革。

美國保守傾向，尤其顯著。依照共和黨的政綱和雷根總統的大政方針，他們提倡美國的傳統美德：愛國、愛家、勤奮、守法。他們反對墮胎、反對增稅、反對女權平等的憲法修正案、反對大政府和過多的法令和管制、反對政府過分干涉人民的生活和企業、反對核子凍結。他們主張增強軍備以加強裁軍談判的力量。他們擁護信教自由，容忍學童在校祈禱。

但民主黨的政見則仍如羅斯福總統所揭櫫的「中間偏左」，與共和黨的政見，出入頗大。

識見相較雷大孟小

前些時候哈律司的民意測驗，曾就一些重要問題，詢問一部份選民：雷根抑或孟代爾會做得較好？結果兩人各領先六個問題。即此一端，也可略見兩黨政見的趨勢。列表如左：

問題	雷根所得	孟代爾所得
避免戰爭	百分之四七	百分之四一
鼓舞人民信任政府	五八	三三
控制通貨	六四	二七
不被特殊利益操縱	五五	三二
恢復世界對美尊敬	五九	三三
平衡預算	五一	三三
有利女權	三〇	六一
有利老弱	二九	六二
環境衞生	三九	五〇
控制軍費	三三	五九
控制核子武器競賽	四一	四八

政教分離　三一　五五

從右列調查統計，我們不難看出，雷根比較看得大，看得遠，乃是一個領袖人物，所以能成爲一位好總統。孟代爾則繼承民主黨的政治傳統，強調政府功能，對內濟弱扶傾，對外促進和平，滿腔熱血，一片婆心，是政治家，但不是一個好政客。這種對候選人品德、才識、聲望或緣份的個人取向（PERSONALITY），向爲選民所重視，而是雷根的特長。

現在兩人競選結果，雷根總統以壓倒性多數票當選連任。由此更可見進步的和保守的或中間偏右的政治哲學，無論你喜歡或不喜歡，已成爲目前的政治主流了。

（七三、一一、七，史丹福）

雷根政府是保守的麼？

雷根總統的心態顯然是保守的，但從他最近的用人和施政來看，他是在走中間路線。

首先，保守派竭力主張現任聯合國美國代表克爾派屈克女士接任外交或國防首長或國家安全顧問，但未爲雷根所接受，她乃堅決辭職而去。

其次，美國參議院共和黨領袖改選結果，由前副總統杜爾當選，而他是走中間路線，不是雷根所能任意左右。

在外交方面，舒玆主張對蘇聯讓步，以求恢復談判，緩和緊張局勢。在軍事方面，國防部長溫柏格反對入侵尼加拉瓜。凡此都是開明的做法。

政治不能不重視現實，而雷根很想更有作爲，以建立他的歷史地位，所以他不能不爲適應現實的變化而有所必變。

美國人對施政方針的態度

依照蓋洛普最新民意測驗，美國人民對幾個大問題的態度，有如下表：

當前的大問題	贊成者	反對者
增稅以減少負債	三四	六二
准許學生公開祈禱	六九	二八
減少國防支出	五〇	四六
限制墮胎	五〇	四五
女權平等修憲案	六三	三一
增加社會福利支出	七四	二四
美蘇雙方凍結核武	七八	一八
放鬆污染管制	三三	六四

又據紐約時報和哥倫比亞電視的民意測驗，人民對雷根的最大希望，一是防止經濟衰退，二

是努力與蘇聯改善關係並達成限武協議，他們相信他會做到。此外，百分之四十五的人，認爲政府可以信任，而四年前則僅有百分之二十五。

一九八五年秋季

美國總統作戰權力的妥協辦法

美國一年前為了監視以色列和敍利亞以及其他佔領軍的撤出黎巴嫩，派遣海軍陸戰隊一千二百人入駐黎國首都。這種軍隊調動，總統當然有權，國會不能干涉。但最近因為黎國回教民兵與政府軍發動內戰，回教民兵擊斃美軍四名，美軍乃予以還擊，雷根並令海上戰艦發砲助陣，這就從和平任務轉變為戰鬪任務了。

民主黨議員乃要求雷根適用戰爭權力法案向國會提出報告。除非國會授權繼續駐軍，美軍須於六十日至九十日內撤出黎境。

雷根認為這將危及美國維持黎國和平的任務，並說駐黎美軍祇是為自衞而還擊，尚難認為作戰，所以不能適用戰爭權力法案。

雙方爭執結果，日前獲得一個妥協辦法：一、雷根承認戰爭權力法案應對本案予以適用；二、國會提前同意駐黎美軍得在黎境駐防十八個月（當然可以應戰）。這是雷根的重大勝利，但國會也維持了面子。

因為依據臺灣關係法，美國有維護西太平洋包括臺灣海峽和平的責任，美國總統將來可能也許會用到戰爭權力法案，所以我國對於它的運作方法應感興趣，而本案似乎可供參考。

七三、九、二九

雷根掃赤民主功過

尼國赤化預算赤字

美國總統雷根，最近從事兩項「掃赤」運動：一是掃除尼加拉瓜的赤化，二是掃除美國預算的赤字。但這二者都爲民主黨所控制的衆議院所反對而成效不大。

在美國保守派看來，兩項掃赤都有必要，但雷根卻有志難酬，這應歸過於民主制度。但「人心不同，各如其面」。在民主黨看來，雷根掃赤不能對症發藥，勢將貽誤國家，自應予以反對，而這正是民主制度的功能。

對這爭論，我想略加剖析和評議，並指出我們能否由此獲得一些啓示。

我在上次所寫「美負盟友，不堪回首」一文中說到美國民主黨的衆議院拒絕雷根政府給予尼加拉瓜反共游擊隊以一千四百萬美元的援助，以支持它困擾尼國的左傾政權，逼它（尼國政府）割斷與蘇聯和古巴的軍事關係，並與游擊隊談判停火，以建立尼國的民主憲政。這當然不失爲美國目前所當採取的一種戰術，民主黨不該反對。

但是民主黨認爲美國誠應對尼國政府施加壓力，但一萬五千人的游擊力量和一年一千四百萬美元的軍事援助，不能逼使尼國政府對美屈膝，叫聲：「大伯饒命！」（引自雷根）於是，民主黨議員認爲，那時雷根政府自必要求更多的援助，最後非到使用武力不可，那將陷入十多年前越南戰爭的覆轍。

民主黨人又說，美尼兩國並未斷交，而美國乃公然由中央情報局指揮游擊隊對尼作戰，有損大國風度。

多元兼聽國家之福

爲今之計，民主黨主張：

第一、美國政府應就撤退蘇古軍事顧問和建立民主和平等問題，與尼國政府直接談判。

第二、美國應該借重中美洲四個中立國家的調停努力及其妥協方案，期使尼國脫離蘇古集團的控制。

第三、如果尼國他日眞的成爲蘇聯的軍事基地，美國那時可以堂堂之陣對它進攻，掃除禍根，猶不爲晚。

民主黨這些顧慮和對策，未始不持之有故，國家和政府可收多元兼聽之效。這正是民主之功，而非其過。

但是雷根政府認爲卽使採取和談方針，美國也須軍援游擊隊，以增加對尼的壓力。現在雷根政府已經發動民間捐輸包括亞洲某些國家的支援，以維持反共游擊隊的士氣和武力。同時，美國已正式宣佈對尼國禁止通商。

寅吃卯糧債臺高築

但是這些措施未必能解決美尼問題，雷根政府必須與國會妥協，以兩黨一致的態勢，發動國內國外的「統戰」攻勢。

這就不是單純的經濟問題，而須在政治層面突破兩黨僵局。現在兩院國會領袖正作「場外交易」，以期在明年預算中列入四千二百萬元以支援游擊隊。

在雷根總統的兩項掃赤運動中，預算掃赤，最能表現出民主功能。

雷根是一個大大的好人，他就任總統後，就像聖誕老人那樣笑口常開，逢人送禮。從前麥高文參議員競選總統，說當選後將對每人贈送一百美元的見面禮，大家譏爲異想天開。但雷根任職三年中卻以退還所得稅的方法，送給每人以所繳稅額百分之二十五的贈款。

此外，對老人和貧困的生活照顧，對大學生的獎學金，對淸寒學生的免費午餐，對科技研究發展的獎助，對環境衞生的改善，雷根無不大量花錢，毫無吝嗇。

至於擴充軍備，增強國防，雷根更列爲財政政策的第一優先，有求必應。最新國會消息，國防部所保留的經費節餘，多達一百八十億至五百億元。

於是國家收支不能平衡，而雷根的對策卻不是加稅，而是借債。加稅會使人民感到切膚之痛，而借債雖寅吃卯糧，禍延子孫，但事不干己，朝野於是皆大歡喜。這就是赤字的由來。

在雷根一九八一年就職前，財政赤字是九千四百億元，現已高達一點七兆元，多於過去四十年中的總數。雷根自己也承認：「包括男女成人和小孩，每一美國人現爲國家分擔債務八千元，每年尙須增加一千元。」美國政府明年應付利息一千九百九十億元，佔總支出的百分之十五，人民負擔實在太重了。

福國利民端賴民主

好在外資充斥，借債不難，而經濟繁榮，民生樂利，雷根政府覺得「以債養債」，並無不妥。如非去年競選時爲民主黨所攻擊，他也許還不會急起直追，大力掃赤。這又可見民主之功。因爲祇有民主方能有合法的反對力量，方能有合理的制衡制度，以糾正政府的錯誤，從而福國利民。反之，如果沒有民主及其功能，則政府難免肆無忌憚，胡作非爲，而使大家同受災害。

現在再看雷根政府的掃赤計畫以及國會的對案。它們包含這些要點：

一、雷案要求掃除赤字四百億元。但共和黨所控制的參議院和民主黨所控制的衆議院都認爲數額太少，而主張增爲五百六十億元。

二、雷案要求國防經費仍需增加，依物價指數及武器計畫約增百分之十二點七。共和黨議員則主張可依物價指數調整百分之四，但不得另增，民主黨則主張全部凍結。

三、三千六百萬退休者的養老金，雷根要求仍照生活指數調增約百分之四，民主黨和衆議院都表示贊成，但共和黨議員則主張凍結。

四、雷案主張把十八種社會福利和教育補助等經費有的全刪，有的削減，而國會議員則主張少刪少減，使老幼貧困小農小商和教育科技仍受照顧。

望我政府革新政治

兩者相較，民主黨和衆議院的主張似較合理。現在白宮與國會，共和黨與民主黨，正在溝通折衝，在民意輿論監督和政治制衡影響之下，應能產生一部合理合情的預算。

多元互動有益於國家，民主制衡有利於統治；美國做法乃是明證，而臺灣的成就，則尚待努力。報載我政府正在推動經濟革新，不知能否也對政治革新和民主發展予以重視並加努力？

（七四、五、二四，史丹福）

「談判時代」的復活

——舒茲論「談判世界」是樂觀的徵候

美國國務卿舒茲最近在亞特蘭大市對國際研究南部中心指出，這個世界雖然還沒有和平，但在許多方面卻是一個「談判的世界」，正在進行鄭重的談判。他說：「這是一種令人鼓舞的環境」。

舒茲說：「雷根總統從兩年前就任那一天開始，一直在設法重振美國的外交政策。他決定要『減少十年來累積下來對美國承諾和持久力的懷疑』。我們的口號是引導我們行動的四種方針：

「——我們要重視現實。（要從這一點開始）。

「——我們要建立力量。

「——我們強調談判和達成協議的迫切需要。

「——我們相信進展是可能的，雖然各種使命都很困難和複雜。」

關於重視現實，舒茲說：

「重視現實是第一項必要因素。如果我們要改善這個世界，我們首先必須了解它——對好壞都要了解。目前的現實大都分並不可喜，但是，依照我們所看到的狀態加以描述（雷根總統就任以來一直在這樣做），不是要尋求衝突，而是要指出改變的途徑和改變前應有的相互了解。」

關於談判，舒茲說：

「談判是我們的第三個口號。我早期的專業經驗是在勞工方面。從這些過去時期到我最近在北京的會談，我一直深信談判的效力。今天我們正在中東和軍備削減會談中熱心地徹底地談判。這兩方面的進展都很緩慢，但是卻有獲得極大收益的希望。

「但除此之外，在這些大肆宣傳的談判的表面下，我們還在談判全球各地的幾十種其他問題。事實上，在過去卅年間最重大但卻很少引人注意的改變之一，是全球的諮詢機構已變得非常普遍。國際問題不論大小，都可能會成立一個裁制問題或至少研究問題的國際機構。

「我們還沒有獲得世界和平，但是我們在許多方面是在一個談判世界裏。這是一種引人鼓舞的環境。

「重視現實，力量和談判——連同有進展可能的樂觀；這些都是照亮本屆政府所實施的外交事務的明燈。它們應用在我們跟歐洲盟國的交涉上，應用在我們跟蘇聯和東歐的交涉上，也應用在我們跟第三世界的交涉上——這是我現在要提到的主題。」

最後，舒玆指出：

「美國人是實用主義者——懷疑誇大的保證和輕易的承諾。但是我深信，如果我們能堅持到底——在充實力量，樂於談判和尋求協議的支持下，重視現實地進行——我們一定會在將來獲得成就。」

舒玆這些道理，使人會聯想到將來會不會適用於我國與中共之間。我以爲國情不一，形勢不同，當然不能適用，但我們不可不知美國當局的觀念，而須預防和化解。

（七二、三、三）

美負盟友不堪回首

蜜月已過雷根受挫

四月二十三日，美國衆議院否決了雷根總統要求給予尼加拉瓜游擊隊一千四百萬美援，這是他連任總統以來的第一次外交挫折。影響非同小可。他固然非常懊惱，且因那筆援款爲數雖小，但意義很大，它涉及總統或國會究竟誰在領導美國外交以及美國對它那位惡鄰尼加拉瓜究竟將以何法阻止它變爲古巴第二。還有，它也將使很多友邦懷疑美國反擊共產集團的戰鬥精神和作風。

一位反對該案的民主黨籍大牌議員是怕那筆援款成爲美國國會在越戰擴大前的東京灣決議案授權詹森總統得對北越使用武力。現在越戰結束雖已十年，但是「一朝被蛇咬，終生怕草繩」，四月三十日正好又是西貢淪陷和美國撤退的十週年紀念，美國痛定思痛，大衆傳播媒體都在大吹大擂地檢討越戰的得失，最新的民意測驗顯示百分之七十五的人民反對越戰，比數較大於十年之前。民主黨即景生情，所以格外反對協助尼國游擊隊，以免愈陷愈深，最後捲入戰爭漩渦。

「前事不忘，後事之師」，把這兩事連在一起加以檢討，美國應有不堪回首之感，我們也應能獲得一些教訓。

被逼出走强人橫死

尼加拉瓜是中美洲一個拉丁國家，土地四倍於臺灣，但人口僅二百多萬。一九七九年革命前，蘇模柴父子三人相繼統治尼國達四十年。那時它與美國結爲盟邦，美國在尼設有軍事基地。

蘇模柴父子都是強人，獨裁獨佔，例如他們佔有全國百分之四十七的土地和大規模的工商企業和文化事業。於是財聚則民散，全國各派組織統一陣線，獲得古巴的軍事支援，爆發革命戰爭，首都岌岌可危。

卡特總統見大勢已去，乃逼蘇模柴辭職，把政權交給各黨各派。不久蘇就下野，流落他鄉，爲政敵所暗殺。

蘇模柴政府垮臺後，政權就爲桑定派所控制，後者倒向蘇聯和古巴，排斥中間派，於是許多人逃往鄰國宏都拉斯打游擊。美國政府初頗支持，去年國會卻拒予援助。這次雷根總統要求的一千四百萬元本爲軍援，後爲爭取民主黨議員的支持，改爲救濟物資，但仍爲衆議院所拒絕。次日尼國總統就欣然飛往莫斯科，商借二億美元的軍援。所以一向溫和鎮靜的舒玆國務卿也不禁感情衝動，大聲疾呼：莫蹈越戰失敗的覆轍！

拒援越南冷酷可笑

這使我想起十年前美國國會在西貢淪陷前夕拒絕福特總統對阮文紹政府三億元美援的要求。那時全部美軍已在一年半前撤離越南，但巴黎條約卻訂定北越軍隊可以不撤。而且美國對越南的援助已從每年十四億美元減爲七億，越南的民心士氣本已大受挫折，那三億美元的新援助可能發生打氣續命的效力，但卻化爲泡影，表示美國悍然遺棄盟邦，於是一向仰視美國爲救苦救難觀世音菩薩的越南軍民乃鬪志全消，潰不成軍，西貢也就很快地陷落了。

在美國參議院辯論三億元援助時，民主黨領袖曼斯斐爾特竟說：「軍援的增加等於是更多的殘殺和更多的戰爭。這終須有停止的一天。他們自己應該用他們自己的辦法去解決他們的分歧」。這些風涼話，不獨斷送了越南，也會使美國一般盟邦不寒而慄。對於越南的反赤悲劇，美國已不堪回首。現在且看美國如何支援尼國游擊隊繼續爲美國火中取栗，並爲中美洲擋住赤燄。

虐我則仇咎由自取

這又使我也想起與蘇模柴同時垮臺的伊朗國王巴勒維。他們二人有很多相似之處。例如：

一、二者都是美國的老友，巴勒維達三十年，蘇模柴達四十年，然在危難關頭都爲美國所拋棄。美國在二國動亂開始時，當然都對政府當局表示同情並公開支持。後見大勢已去，乃轉而拉攏反對派，以期繼續維持美國的利益。一位新聞記者曾對我說：好像賭客買馬票，美國當然要買頭馬（政府當局），但也得買二馬和三馬（反對派），如果有十馬看好，它就會十馬統買。

二、二者在位時都有雄厚的資財和強大的軍警，而尼加拉瓜的反對派則沒有一架飛機，伊朗的反對派則並無武裝部隊，所恃者祇是工人及其罷工和示威。然而「天時不如地利，地利不如人和」，二者都垮於人謀不臧和民心離散。

三、二者所以敗亡的基本弱點，都在一個「私」字。他們都是「朕即國家」，不容異議分子參與國事，後者祇得鋌而走險，而政府乃從而加強鎮壓，激起國內外的公憤，而爲卡特政府所拋棄。美國自當任咎，但二者未始不是咎由自取。

一九八五年四月三十日西貢陷落十週年

倉皇辭廟餘音繞樑

——馬可仕何以亡羊？美國人如何補牢？

在我離開檀香山前十日，馬可仕已經倉皇辭廟，逃亡到檀島。關於他的失敗情形，在檀島傳聞較多，感受較深，因承自立晚報記者相詢，現特補述。

自私自滿昧於形勢

馬可仕的總統任期，本來須在七月方滿，他不必提前辦理改選。但他認爲提前辦理，勝算在握，可是他看錯了。他昧於大勢，既不知己，也不知彼，更不知美國那位老朋友的作風。常言道：「形勢比人強」，「昧先機者非明哲」，所以勢不可逆，尤其不可看錯。

歐陽修在五代史伶官傳序中慨嘆：「嗚呼！盛衰之理雖曰天命，豈非人事哉！」馬可仕的失敗就在人謀不臧，而其癥結：一爲自私，二爲自滿。因爲「私者亂天下者也」。人而爲私所蔽，則視有所不見，聽有所不聞，思有所不正。如果再加自滿，則必怠於修德和除弊，而禍亂乃發於身邊。

以言馬可仕之私，請看一例。他爲傳位於其妻，不肯依法設置副總統，因他不便提其妻爲副總統，而又不肯提拔他人，故虛位以待其妻。這次因受美國的壓力，不得不提名前外交部長陶倫迭諾爲競選伙伴，而陶因公開批評馬可仕，剛在半年前爲馬所罷斥，足見馬因自私自滿而衆叛親離。

至於馬可仕的自滿而自大，可以見之於他對艾奎諾案的處理。姑不論艾之被刺是否爲馬所指使，但觀其對兇嫌參謀總長維爾的處置，先則將他起訴並停職，旋即判他無罪和復職，繼又令他辭職，但又吝而不派代理他的羅慕斯繼任，而仍由維爾以顧問名義控制部隊，——馬可仕這種輕率的行爲，輒以爲天下人都奈何他不得。但他的寶座卒爲羅慕斯夥同安利爾所傾覆（按安雖貴爲國防部長，但無實力，而且政聲也不很好）。這就可見馬可仕的自滿自大以及伴隨而來的失敗了。

老友盟友愛莫能助

此外，美國的支持，對馬可仕當然十分重要，而美國的態度，在短短二十七天中變化迅速而難測。可分三個階段，如左：

從二月七日大選投票日起至十一日雷根總統的記者招待會，雷根一直支持馬可仕。雷在記者會批評非國朝野雙方都在選舉中舞弊，艾奎諾夫人也非例外，以致引起她的抗議。

從二月十二日至廿三日，雷根變爲中立。他說：那究竟是非國的而不是美國的選舉，他無能爲力。他又說，他當然不能叫馬可仕辭職。

但到非國國防部長和副參謀總長叛變後，廿四日清晨，雷根態度大變，公開警告馬可仕必須和平交出政權。現已證實羅慕斯所用以攻擊總統府的直升機乃是駐非美軍所支援，美軍並且說服非軍不得對叛變軍隊和示威民衆開槍射擊。於是馬可仕方知大勢已去，逼得出奔關島。

雷根直到現在，尚稱馬可仕爲「老友和盟友」。但在美國的價值判斷中他與馬的私人友誼和反共道義都不足恃，他所重視的乃是美國在非國兩處基地的安全以及涉及的國家利害。到了雷根發覺馬可仕的統治瀕臨危險邊緣時，他就顧不得「老友和盟友」的關係和情誼了。

還有一點，在雷根看來，國家的名器和權力不應由一人長期獨佔，以他的努力謀國及其政績，也祇可做八年總統，則以馬可仕的二十年長期執政已屬過分，現在和平下臺不獨是勢所必至，實爲理所當然。馬固不應怨天尤人，雷根乃透過賴索特參議員率直地答覆馬可仕的詢問：「一刀兩斷，乾淨俐落。現在是時候了。」

東山再起有可能麼？

雷根這種務實的做法，從西方人的觀點，實在沒有什麼了不起，不足大驚小怪。所以本文的題目，原來是「馬可仕何以敗得那樣快而且慘？」但我刪去「而且慘」三字。因爲馬可仕做了二十年的總統，比之於雷根，以時間而論，應該是很幸運了。但是馬可仕這位東方人的反應卻是：「我非常非常失望。」

馬可仕在出走前九小時，曾依法舉行總統宣誓就職典禮，迄今仍自稱爲總統。有人傳言，他將以二百萬美元買下檀香山附近一個叫做「可可亞」的農莊小島，經之營之，可能儼然成爲一個小朝廷。如果艾奎諾夫人將來統治無方，共黨蜂起，財經枯竭，國內大亂，民不聊生，馬可仕可能會捲土重來。

馬可仕在抵檀島後的第三天，舉行記者招待會，宣讀一份「告菲律賓同胞書」，強調他本有敉平叛亂的充分力量，祇是不忍平民遭受死傷，故而撤退。平心而論，馬可仕這點犧牲自己以和平解決政爭的精神，的確值得稱道，可能在菲人心頭留下一些去思。

但是現在馬可仕「虎落平陽」，聲威蕩然。他們一行八十九人的行李迄今尚被扣在夏威夷海關，經非律賓新政府要求追繳其中價值一百多萬美元的財寶。他在紐約價值三億多美元的幾座大樓也被法院扣押。爲馬可仕所竊佔的國帑據說可值五十億至一百億美元，正由新政府分頭調查其下落。馬可仕現在好比被丟在糞坑中的泥菩薩，看來不可能再爲善男信女所供奉了。

（七五、三、二，臺北）

歐安十年芬蘭萬歲

距今整整十年以前，一九七五年七月下旬，西歐東歐各國連同美國和加拿大共計三十五國的政府代表在芬蘭首都赫爾辛基舉行歐洲安全合作會議，於八月一日圓滿閉幕。日前三十五國代表又雲集於赫爾辛基，共申慶祝，允稱盛事，用特略加回憶和檢討。

國際承認蘇聯掠奪

這個歐安會議本爲蘇聯所發起。蘇聯在第二次世界大戰後，併吞立陶宛等三個小國，奴役東歐各國，收穫豐碩。但因和平會議未能召開，和平條約未能簽訂，蘇聯的侵略成果未能獲得國際承認，它總覺美中不足，於是發起這個會議。後來它果如願以償，因爲參加各國在歐安宣言中提供了這些承諾：

一、參加國不以威脅或武力破壞另一參加國的領土完整和主權獨立。

二、參加國認爲所有彼此之間的疆域或全部歐洲國家的疆域，都不可侵犯，所以現在和將來，都不加以攻擊。

三、參加國不要求從事於掠奪或霸佔另一參加國的部份或全部領土。

四、參加國不干涉他國的內政和外交事務，包括直接的或間接的以及個別的或集體的干涉。

五、參加國不以直接或間接的援助給予恐怖分子或顛覆活動或其他以暴力推翻另一參加國的政府。

但是因爲西德的要求，它顯然尚在謀求東西兩德的統一，歐安宣言又規定：參加國得依國際公法採取和平手段和獲得彼此同意，變更領土現狀。

交換條件人權自由

這些尊重領土主權的規定和承諾，固然有利於蘇聯，但對東歐各國也未始沒有一些好處。例如年來波蘭工潮迭起，而波蘭政府不得不多所容忍，未開殺戒，蘇聯更未採取一九六九年進軍捷克的故技，對波蘭使用武力，凡此未始不是因有歐安宣言尊重各國主權獨立的承諾而有所顧忌。

而且尚不止此，東歐，尤其西歐，所以對歐安會議及其宣言寄以希望，乃是因爲歐安宣言對人權自由作出了寬廣的承諾，有如左列：

一、家屬團聚：對許多因戰爭而離散和被鐵幕所隔離的家人，宣言要求各國政府給予聚會的方便。

二、各國通婚：因爲鐵幕高張，牛郎織女不能雙飛，宣言要求架起「鵲橋」，使有情人終成眷屬。

三、尊重人權：宣言舉出思想自由、良心自由、宗教自由和信仰自由。

四、文化交流：准許西方報紙書籍和影片源源輸入蘇聯和東歐各國。

五、優待記者：包括放寬新聞記者的入境簽證和旅行地區，記者如被驅逐出境，應告以理由並准其上訴。

十年檢討譽多於譏

歐安協議有一很好的傳統，就是每年輪流在各地集會一次，檢討實施情形。這次特別隆重，又在赫爾辛基舉行，從七月三十日到八月一日，爲期三天。

大會開幕後，蘇美兩國外長就提出檢討意見。蘇聯指摘美國沒有裁減核子武器的誠意，美國指斥蘇聯侵害人權，後者列舉十餘個受害的猶太人作爲例證。這些指摘年年有之，並不重要，最爲世人重視的，乃是兩國外長就兩國十一月間在日內瓦舉行的高峯會議獲致了程序上的協議。

至於以蘇聯對待境內猶太人來論，它在十餘年中也曾批准了十餘萬人出國，但自一九七九年起，就從那年的五千一百人減到去年的九百人。現在蘇聯已與以色列展開談判，以謀恢復邦交並增加猶太人出國名額。

總之，有了那個歐安宣言尊重人權的承諾，西方國家乃得要求蘇聯實踐諾言，保障人權自由，否則事關蘇聯內政，他國根本沒有干預的立場了。

以小事大堪作楷模

回憶十年前歐安會議時，芬蘭總統以三百萬美元的支票交與美國代表，償還它在五十餘年前第一次世界大戰時所欠美國借款的最後部份。

這引起我兩個回憶。第一，五十年前，一九三六年，美國報載，國會通過議案，讚揚芬蘭償還美國借款的難能可貴。因爲英法等大國都向美國借了戰債，但都賴掉不還，祇有芬蘭始終維持信用，分年攤還。我很感動，所以那時在往遊莫斯科途中特地繞道北歐去向它「朝山進香」。

第二，在第一次世界大戰前，芬蘭原是帝俄的屬地，一九一七年利用蘇共革命的機會，宣佈獨立。一九三九年，史達林侵入芬蘭，芬軍血戰一百零五日，彈盡援絕，割地而和。第二次世界大戰爆發後，芬蘭報仇心切，聯德攻蘇，交戰三年而又敗。可是史達林鑒於芬蘭民族的堅忍和英勇，不敢以對付東歐國家的殘酷手段處理蘇芬關係，所以芬蘭迄未淪入鐵幕。

芬蘭人口僅四百數十萬，地瘠民貧，但是賴有那種守信重義能屈能伸的「赫爾辛基精神」，而能屹立於那隻兇惡的大熊之旁。「有爲者亦若是」，芬蘭的故事可作「以小事大」，保持獨立自由的楷模。

（七四、八、二，史丹福）

蘇聯怎樣推行「新生活」運動

在寫好「言教身教尚需政教」後，我看到報載蘇聯新領袖戈巴契夫上任方三個月，便開始以反對酗酒爲中心工作的「新生活運動」。但他不僅用言教和身教，而是以政治力量去推行，那就是我所說的「政教」，收效較快，可供借鑑。簡介於左：

——酒價上漲百分二十五至三十五，以價制量。

——飲酒年齡從十八歲提高到二十一歲。

——商店限在下午二點至七點方准賣酒。（過去是上午也可賣）

——莫斯科地區六百四十三家餐飲店舖不准賣酒，僅九十七家大飯店准許供酒。

——酒廠生產量減少百分之二十。

——重罰路上和公共場所的酗酒者。

返觀臺灣，烟酒公賣，產量大增，爲害日甚，玆姑不論，就在報紙登出蔣主席要求大家力行勤儉的那天報紙報導政府決定減收賣淫業的許可費，這無異是在鼓勵色情，危害社會，豈不怪哉！之後，新增「在大陸未光復前，其中央民意代表，總統得訂頒辦法，由自由地區選民以保障名額普選之」。然後參照選舉罷免法第六十五條婦女當選保障辦法，在選罷法中規定將大陸地區候選人所得選票單獨計算，以得票較多數者爲當選。

退而不倒持而不暴

——尼克森的十年復健和再三叮嚀

不要回顧不可憤恨

十年前的八月九日，我在薛光前先生令郎和任顯羣先生令嫒的紐約家中吃晚飯，主人打開電視機，正好播放尼克森總統宣佈辭職。我們都很表惋惜，但並不驚奇，因爲他在水門事件中縱容特工侵入民主黨水門大厦的中央黨部搜索文件，後來東窗事發，他又從事掩蔽並欺瞞國人，可說是咎由自取，罪有應得。

第二天，他辭別白宮，對送行的同僚一再叮嚀：「千萬不要回顧！要記得羅得之妻。千萬不要回顧！」按：依照舊約，羅得之妻在逃走時因回頭一看而被化爲鹽柱。尼克森之意，可能是事既不堪回首，則回顧徒增惆悵和憤懣，而無補於事。

所以他又含着淚水繼續叮嚀：「他人可能恨你，但恨你的人不能勝利，除非你也恨他，則你便毀滅自己。」

十年來，尼克森先生身體力行，不回顧，不念舊惡，敗而不餒，退而不倒，努力做着精神復健運動。

尼克森已從加州老家搬到紐澤西州，並在紐約華爾街設有辦公室，兩地相距二十三里，他每天兩頭奔馳。

在十年中，尼克森訪問過十八個國家，會見了十六位外國元首，寫了五本書，第五本檢討越戰，就可出版。

「皇天不負苦心人」，現在他已不再是當年見不得人的「騙子」，而是堂堂正正的前總統和元老政治家了。

兩種和平相需相成

尼克森被稱爲冷戰老將，也是一位冷戰高手，年來他最關心的，乃是冷戰與和平的大問題。他的第四本新書「眞實的和平：西方的戰略」，針對現狀，提出忠告，再三叮嚀。他說：

——眞實的和平與完美的和平，兩者不可混爲一談。後者當然最可貴，但祇能出現在墳墓之內和打字機之上。

——人們不可因爲完美和平之不可得而放棄對和平的追求，也不可因爲眞實和平之不合理想而予以放棄。

——人類都有野心、高傲和憤恨，所以完美和平不可能，但仍可能會有眞實的和平。所謂眞實的和平乃是戰爭與和平之間的一段灰色地帶。以美蘇之爭爲例，美國可能不會勝利，但必須繼續嘗試和努力，則至少不致失敗。最重要的，美國不可縮頭束手，坐待事變的擺佈和控制。那將悔之晚矣。

於是這位統戰冷戰的老手，針對雷根總統對付蘇聯的戰略戰術，提出具體建議，包括經濟和外交。他說：

——武力當然很重要，裁軍談判也當進行，但更迫切的乃是經濟和外交。

關於經濟，尼克森指出，雷根總統應設一個對蘇貿易委員會，計劃把蘇聯的行爲和西方國家的貿易意願形成一條鐵鏈。

咆哮仇視禍患之根

尼克森特別關心雷根對付蘇聯的外交做法。他建議在外交方面，雷根總統與蘇聯領袖每年舉行高峯會談。總統當然不可在政策上輕易讓步，但應在言辭上力求誠懇和友善。如果使用咆哮和仇視，總統將毫無所得。

這頗合於我國「持其志無暴其氣」的古訓，我把它濃縮爲「持而不暴」用作本文的題目。

這是尼克森的經驗之談，而且是痛苦的咀嚼。因爲他任艾森豪總統的副座時，支持杜勒斯國務卿對蘇聯大打冷戰。一九五九年在他與赫魯雪夫的「廚房辯論」，他大放厥辭，逼得赫某下不了台，伏下一年後「毫無所得」的禍根。

史稱，一九六一年赫魯雪夫和甘廼廸在維也納會晤，赫問甘廼廸：「你能當選總統，應當歸功於我們。你知道這個事實麼？」

甘廼廸表示不懂，要求赫魯雪夫說明，赫說：「讓我告訴你，（總統選舉投票結果），你比尼克森衹多了二十萬票。（註：事實衹多了十三萬餘票）。尼克森要求我們釋放U2被打下來的飛行員……假使我們這樣做了，他因這一點就可以多得五十萬票，因爲那將表示尼克森和我們能夠建立更好的關係。但是我們猜透了他的計劃，決定不給他任何回音，而把好消息在你進白宮時送給你。你對這點怎樣想法？」

甘廼廸說：「我完全同意。假使你不那樣做，尼克森必已得五十萬票了。」

他山之石可攻玉否

過了幾年，尼克森當選總統，懲前毖後，作風大變，他鼓吹「以談判代替對抗」，與蘇聯大搞「低盪」，美蘇關係一時大爲緩和。

尼克森先生對雷根總統提出上述忠告，尙在一年以前，美蘇形勢已很惡劣，但總統競選還未開始，雷根正在志得意滿，大言炎炎，所以不予重視。到了選舉序幕拉開，蘇聯便着着反擊。於是雷根不得不前倨而後恭，對蘇聯多方拉攏，但已太遲了。

反觀我國，內憂外患，十百倍於美國，尼克森先生的復健之道和叮嚀之言，不知對我們也有一些啓發作用否？

（七三、八、一五，美歐旅途）

儒林清流的兩個模式

友人最近由美來訪，說旅美僑胞、美國人士和有些大陸訪美學者，對臺灣朝野的溝通，多有美好的印象和樂觀的期待。這表示胡佛、楊國樞、李鴻禧三位教授和我的溝通協調已有效果，但我總覺收效不大。

友人也提到，他們認爲我們四個中介人士的力量太小，對爭執雙方不能發生多大影響，因而希望我們能聯繫更多人士，滙集更大智慧和力量，對國家社會提供卓見，導成共識，以建立共信，並對爭執雙方發生排難解紛的眞實作用，導致祥和及團結。

三教授和我對此頗有同感，但都自愧棉力有限，有志難酬。我適因文星雜誌向我徵文，乃有感而寫本文，對士風提出一點粗淺的意見，以期引發共鳴。

因爲書生報國，首在言論，期以言論形成輿論和發揚民意，本文乃先從輿論說起。

民意政黨水泥匠

「輿」是衆人，「論」是言論，輿論是衆人的言論。衆人的言論乃是民意或公意的表達。民主政治應以民意爲基礎，而民意又靠輿論來表達，則沒有輿論就不知民意，可見輿論功能之大。

在民意形成的過程中，輿論扮演着重要角色。因爲有些民意最初衹在大學教室中表達，有些衹是客廳中的閒談，也有一些衹是市井中的偶語，根本沒有多大力量。但在經過大衆傳播工具擴散以後，就會結合成一種輿論，就可認爲是民意所在，它的力量可就大了。

民意在初階段乃是一盤散沙，而政黨則是水泥匠，它把那些散沙積聚起來，加上水和泥，將其拌和，便成爲混凝土，產生很大的力量。所以在民意形成的過程中，政黨的功能很大。一國如果能有兩個政黨，一個代表保守的人民，另一個比較前進，則民意將更能發揚和受尊重。

民意或有效的輿論，於民智漸開之時逐漸形成。它們的表達形式，或是「謳歌」，或是民謠，或是文章。其中最具體而有力的，則有所謂「清議」、「清流」。「清流」這個名詞，似乎起自唐朝。依照歐陽修的朋黨論：「唐之晚年，漸起朋黨之論，及昭宗時，盡殺朝之名士，或投之黃河，曰：『此輩清流，可投濁流』，而唐遂亡矣。」

其實清流的起源很古。孔子周遊四方，以政論歷聘各國，卒無所遇，退而在魯講學，刪詩書，定禮樂，贊周易，修春秋，弟子三千人，通六藝者七十二人。他們的言論，在一片功名霸道的俗流中，足以廉頑立懦，激濁揚清，自是一股清流。所以也有人說孔子組織了一個清流的朋黨，但他自己則說：「君子羣而不黨」。

清流黨禍孔夫子

東漢提倡儒學，倡設太學。史稱，順帝時太學可以收容博士弟子三萬人。那時私立學校也很發達，一校有學生多達一萬人的。於是人才湧現，他們互相稱美，有所謂三君、八俊、八顧、八及和八廚，其中最著名的是陳蕃、李膺和竇武等。

他們在學時放言高論，批評時政，後來做了官也能憂時愛民，除弊興利，並不是「在山泉水清，出山泉水濁」。可是他們好名之念太重，往往故作矯激，恣意貶議，公卿以下，無不畏懼。而且互相標榜，廣通聲氣，太學中傳誦：「天下模楷李元禮（膺），不畏強禦陳仲舉（蕃），天下俊秀王叔茂（暢）」。於是朝廷也因而驚忌，一再發生黨禍，死者數百人，囚者數千人，門生故吏都不能免。儒生絕跡於朝，政權盡入宦官之手。史稱：「中平元年，黃巾賊起，始納中常侍呂強之諫，赦黨人，然已無及矣。」

依照中國傳統文化，士大夫或知識分子對社會負有很大責任。孔子指出：「士不可以不弘毅，任重而道遠。仁以爲己任，不亦重乎！死而後已，不亦遠乎！」所以「士當先天下之憂而憂，後天下之樂而樂。」這所謂「士」，我想就是今天的「學術界」和知識分子。

現在時危世艱，國難嚴重，必須大家羣策羣力，卽知卽行，方克有濟。學術界和知識分子是國民中的精英，所謂「士爲席上珍」，對於國事，自必特別關切，也應有所作爲。他們如果以天下爲己任，坐言起行，對社會必能發生領導作用。孔子便是一個很好的先例。

孔子在魯國一度做官，後卽退爲平民。但他作春秋而亂臣賊子懼。因爲他一語之褒，榮於華袞，一語之貶，嚴於斧鉞。而且他又有三千弟子爲他傳播，所以發生了社會制裁的偉大力量。

以孔子爲例：孔子作春秋而亂臣賊子懼，但他們卻奈何他不得。因爲孔子的褒貶，一般都認爲公正和中肯，他修史的態度是力求：「情信辭巧」，「哀矜弗喜」，使人口服心服。

可是東漢末年的那些淸流，大多昧於此義，濫攻朝政，盲進不已。兩次黨禍，誅戮殆盡，祇有郭泰和陳寔等數人，幸得保全。因爲郭泰雖好批評，但史稱「不爲危言覈論」。在中常寺（宦官）張讓父喪開弔時，淸流無一前往，讓以爲恥，獨陳寔往弔，讓很感念。後殺黨人，讓以寔故，多所有全。

至於政府方面，更當向孔子學習，並也以郭泰陳寔爲法。對於淸議，虛心檢討，有則改之，無則加勉。對於淸流，大度包容，溝通意見，延攬才俊。對於他們的言論行動，不可忽視，但也不必過分緊張。

緊箍咒和費邊社

我曾用西遊記的緊箍咒故事作譬喻，以說明輿論與政府的正確態度。我以唐僧譬作人民，以緊箍咒譬作輿論，以孫行者譬作政府。孫行者神通廣大，屢建大功，可是獸性未馴，容易亂來。幸而唐僧有個緊箍咒，念動起來，可使老孫頭痛欲裂，乃能使他就範。

可是緊箍咒不可常念，否則會使老孫受不了。有一次，妖怪白骨夫人變作老人，圖害唐僧，行者把他打死。唐僧怪他心狠手辣，念動咒語加以懲罰，行者哀求莫念，唐僧就把他驅逐回去。行者叫聲：「苦啊！……我曾穿古洞，入深林，擒魔捉怪，收八戒，得沙僧，吃盡千辛萬苦。你今日昧着惺惺使糊塗，只教我回去。這纔是『鳥盡弓藏，兎死狗烹』。罷！罷！罷！」縱觔斗雲，他祇得逕回花果山去了。

回到本題，輿論或清議，有如緊箍咒，不可不有，但是不可信口常念，否則不是政府不敢放手去做，便是激怒了它，使出獸性，煮鶴焚琴——兩者都不是國家之福。

在現行政治制度下，如何將代議士的工作與學術界的意見做有效的結合，使學術清流在政治上發生積極的影響？這使我想起英國費邊社（Fabian Society）的任務和貢獻。

英國的費邊社乃是英國的學術清流。它著名的社員有韋伯夫婦、蕭伯納和柯爾等大思想家和大文豪。它久已成爲英國工黨的頭腦和靈魂，因爲它把進步的思想繼續不斷地輸入工黨，使它「

其命維新」。

費邊社的社員都是學術界人士，他們主張溫和的社會主義，通過選舉爭取政權，利用政權實現主張。但他們不想自組政黨，而採取「介入政策」。先是想透過保守黨和自由黨實現他們的抱負，到了工黨成立（一九〇六年），他們乃全心全意爲工黨服務。現在工黨的研究部門就是費邊社所主持。

我們的學術界如果也組織一二個費邊社，充任政府和社會的「頭腦」，同時也做它們的諍友，則其功能和效益必能超過漢唐時代的清流。

個人良知界定國家利益

××先生大鑒：

日前 貴報「國會春秋」所載弟之談話，其中一句：「當國家的要求與人的良知衝突時，議員應服從良知的指導」，近據友人告知，此言曾受當道某公之指責。

其實就學理而論，此語並無錯誤。因世上許多要求，皆假「國家」之名以行，而有時並不符合，甚至違反人民或人類甚至國家之利益。毛共之殘民以逞，納瑟之封鎖卡灣，亦何嘗不以「人民」或「國家」利益爲藉口，爲號召，而實則反置人民於死地，陷國家於危亡。故以國家名義號召之要求未必事事皆正確，皆適當。爲國會議員者，對國家及人民負有重大責任，當其臨大事，決大疑，自不能不以負責之精神，爲最佳之抉擇。而究竟何者爲正確或不正確，適當或不適當，最佳或最不佳，自不能不取決於良知（良心）。

且弟深信良知之指導，較爲明智，較爲公正，較能符合國家之利益。彼秦檜之做漢奸，因卽未致良知，甚至背棄良知。若謂良知亦不可靠，則尚有何物可據以察是非，辨忠奸耶！

或謂國家之法律命令爲最好之依據，此誠然矣，但須知國會議員在考慮制定或修改法律時，政府當局在考慮頒發或解釋命令時，其指導依據仍爲良知之判斷。然則良知在國會議員考慮國家利益或要求時之作用及關係，豈可忽乎哉！豈可加以抹煞耶！

但弟在與吾兄晤談時，原未說得如此深入，以上所云，毋寧可視爲現在事後臨時想到之理論，惟亦非無理由。至弟之原意乃在引申詹森總統之言，茲經查對其原文，應譯爲「我是一個自由人，一個美國公民，一個參議員，一個民主黨黨員。我照着這個次序的先後來考慮問題」。是以我引申出來之最後一句，應爲：「當美國公民的要求與自由人的要求衝突時，議員應服從自由人的要求」。後因更加引申，乃又提及良知。此即所謂在判斷國民或國家之要求及自由人之要求時，議員應服從良知之指導。

但此最後一義，詹森總統並未明言，故弟在談話時又引甘廼廸總統與英國政治學者即「現代民主政治」及「公民精神的障礙」之著者蒲雷士爵士之言。此二人皆以良知爲最佳抉擇之標準。民國四十九年弟曾寫一文，於上引三人之言論外，又引孝經諫爭章孔子「義重於君父」之言，以爲從善求仁福國利民之標準。該文收在拙著「知識份子的十字架」第三十一頁至三十二頁，如承查閱，可知弟之眞意所在。斤斤計較，乞恕小器。順請

撰安

弟陶〇〇 敬啓

七月卅一日

陶百川全集

百川滙海